Pascal Voggenhuber

Zünde dein inneres Licht an

Pascal Voggenhuber

Zünde dein inneres Licht an

Wie du der Schöpfer deines Lebens wirst

Giger Verlag

1. Auflage 2014

Telefon 0041 55 442 68 48
www.gigerverlag.ch

Lektorat: Susanne Dieminger
Umschlaggestaltung und Motive:
Hauptmann & Kompanie Werbeagentur, Zürich
Layout und Satz: Roland Poferl Print-Design, Köln
Druck und Bindung: GGP Media GmbH, Pößneck
Printed in Germany

ISBN 978-3-905958-42-3

Inhaltsverzeichnis

Einleitung

Es war ursprünglich eine Idee meiner Verlegerin Sabine Giger, ein Buch zur Weihnachtszeit zu machen. Mit dieser Idee hatte ich erst einmal meine Probleme, weil ich nicht wusste, was ich zu diesem Thema beitragen könnte, doch mein Geistführer, der große Bär, gab mir gleich zu verstehen, dass ich zusagen soll. So begann ich, an diesem Buch zu arbeiten. Während des Schreibens entfernte ich mich jedoch immer mehr vom Thema Weihnachten, sodass plötzlich ganz andere Themen in den Vordergrund rückten, nämlich: Wie kann ich mein inneres Licht entzünden? Wie komme ich zu meinem wahren Kern und wie kann ich mein Potenzial zum Ausdruck bringen?

Schließlich postete ich das geplante Cover auf Facebook und fragte meine Follower, was sie von einem Buch mit diesem Cover erwarten würden. Ich war überrascht, dass fast alle die Richtung erwarteten, die mein Buch tatsächlich mehr und mehr einschlug, und niemand sich ein »Weihnachtsbuch« wünschte. Mir wurde bewusst, dass wohl mal wieder mein Geistführer seine Finger im Spiel hatte. Jedes meiner Bücher nimmt erst während des Schreibens seine endgültige Form an und ist am Ende oft ein Buch mit einem ganz anderen Inhalt als dem, der anfangs geplant war. Weil ich mich beim Schreiben meiner Bücher aber nicht von meinem Kopf, sondern von meinem geistigen Team leiten lasse, akzeptiere ich einfach, dass dem so ist.

Nach dem Ergebnis meiner Facebook-Umfrage war ich sicher, auf dem richtigen Weg zu sein, und dass kein typisches »Weihnachtsbuch« entstehen soll, sondern genau das Buch, das du jetzt in Händen hältst. So rief ich meine Verlegerin an und gestand ihr, mich vom Thema Weihnachten mehr und mehr entfernt zu haben, und dass ich stattdessen nun tiefer gehen möchte, als ursprünglich beabsichtigt. Sabine Giger war wie immer sehr verständnisvoll und meinte: »Du weißt, ich mache dir keine Vorschriften. Wenn sich etwas anderes in den Vordergrund drängt, dann schreibe das. Ich stehe wie immer hinter dir und für mich ist es absolut okay, dass es anders wird als geplant.«

Ich fühlte, wie sofort mein inneres Licht zu strahlen begann und meine Inspiration bereits während des kurzen Anrufs beim Verlag angeregt wurde. Immer wieder bin ich zutiefst dankbar, dass ich meine Bücher in diesem Verlag veröffentlichen darf. Oft werde ich gefragt, warum meine Bücher so erfolgreich sind, und ich denke, eins der Geheimnisse dieses Erfolges ist, dass ich eine Verlegerin an meiner Seite habe, die mich unterstützt und mich die Bücher so schreiben lässt, wie ich es für richtig halte, die mir nichts aufdrückt, was nicht zu mir passt oder gegen meinen Willen ist. So kann ich mich ganz entfalten. Vielen Dank dafür, Sabine, das ist für mich unglaublich wertvoll.

Jetzt aber, mein lieber Leser, lass uns auf die Reise gehen. Ich hoffe und wünsche mir, dass du Spaß haben und viele neue Dinge für dich entdecken wirst, damit du dein inneres Licht beziehungsweise das, was längst schon in dir ist, zum Leuchten bringen kannst. Mein Buch möchte dir helfen, zum Schöpfer deines eigenen Lebens zu werden. Manche Methoden wirst du schon kennen oder darüber gelesen haben. Ich werde das Rad nicht neu erfinden, aber ich möchte versuchen, dir vieles so zu erklären, dass du es vielleicht noch besser verstehen kannst. Dabei habe ich darauf geachtet, dass alle Übungen einfach durchzuführen sind und im Alltag ohne große Probleme angewendet werden können. Mir ist Effektivität enorm wichtig, deshalb lasse ich alles Unnötige beiseite. Im Buch findest du Übungen und Anregungen, Geschichten und Erlebnisse, die ich persönlich sehr schön und spannend finde und für die ich dich, mein lieber Leser, begeistern möchte. Einiges wird neu sein, vieles wirst du schon kennen; doch selbst wenn du es schon kennst, ist Wissen allein nichts wert, solange du es nicht ausprobierst und in deinen Alltag integrierst.

Wie du merkst, werde ich dich in diesem Buch mit »du« ansprechen, und ich verwende durchgehend die männliche Form, weil ich es stimmiger finde, als immer

»Liebe Leserin und lieber Leser« zu schreiben. Wenn du meine Bücher bereits kennst, bist du das gewohnt und weißt, dass es nicht diskriminierend gemeint ist. Ich schätze Frauen, sie sind immer mitgemeint, aber der Lesefluss wird weniger unterbrochen, wenn man sich auf eine Form beschränkt.

Du wirst hier viele persönliche Beispiele aus meinem Leben finden, es geht mir jedoch nicht darum, mich in den Mittelpunkt zu stellen oder Werbung für mich zu machen, ich möchte dir damit vielmehr meine Methode erklären und verständlich machen.

Hier noch ein Hinweis: Viele »Fachleute« haben mir vom Thema dieses Buches abgeraten. »Die Zeit mit den Erfolgsmethoden von *The Secret* und *Bestellungen beim Universum* ist vorbei, das ist nicht mehr im Trend, schreibe etwas anderes!«, begründeten sie ihre Meinung. Solche Argumente spielen für mich keine Rolle, ich schreibe und lebe nicht für irgendwelche Trends, und mir ist bewusst, dass ich mit diesem Thema nicht etwas komplett Neues erfinde. Für mich gibt es kein Unmöglich oder den falschen Zeitpunkt, daher ist meine Motivation für dieses Buch noch größer und ich möchte damit zeigen, dass mich Trends nicht interessieren. Obschon die Zeichen von außen scheinbar nicht ideal sind für ein solches Buch, wird es ziemlich sicher ein Bestseller werden – falls meine Methode funktioniert!

Alles, was ich in diesem Buch schreibe, ist meine persönliche Wahrheit und mein persönliches Erlebnis, ich habe keinen Anspruch auf die absolute Wahrheit – und auch du sollst dir aus dem Buch nur das herausziehen, was dein Herz erfüllt, was dich glücklich macht. Wenn du etwas anders siehst oder dir etwas keinen Spaß und kein Glück bereitet, lass es einfach weg. Nimm nur das heraus, was dich von deinem Herzen her erfüllt.

Danke, dass es dich gibt und wir uns nun gemeinsam auf den Weg machen.

Wer ich bin und was ich mache

»Wenn du weißt, wer du bist und was dich erfüllt, wirst du Zufriedenheit erleben. Sowohl innerlich wie äußerlich.«

Ich werde hier ganz kurz über mich schreiben, es gibt vielleicht einige Leser, die mich oder meine Arbeitsweise noch nicht kennen. Falls du mit mir und meiner Arbeit vertraut bist, kannst du dieses Kapitel gern überspringen. Da ich jedoch mit diesem Buch auch einen kleinen Wechsel vollziehe und mein Hauptgebiet, für das ich bekannt bin, verlasse, bin ich mir sicher, dass einige neue Leser hinzukommen, die vielleicht mit einigen Begriffen überfordert sind oder denken: »Wie kommt der Typ jetzt auf diese oder jene Aussage?«

Wie du bestimmt schon weißt, bin ich ein Medium und wurde nach dem englischen Spiritismus ausgebildet. Mein Kerngebiet sind Jenseitskontakte, das heißt Kontakte zu Verstorbenen. Im englischen Spiritismus ist der Kernglaube der, dass es ein Leben nach dem Tod gibt, und das Medium versucht, diese Aussage mit Jenseitskontakten zu beweisen. Die Hauptaufgabe eines Mediums ist – laut englischem Spiritismus – im Grunde derjenigen eines Priesters ähnlich. Man gestaltet und feiert Gottesdienste, Beerdigungen, Hochzeiten, Taufen und so weiter.

Ich habe mich damals entschieden, als Medium für Jenseitskontakte zu arbeiten, zu versuchen, den Hinterbliebenen Trost und Heilung zu schenken und ihnen die Möglichkeit zu geben, durch einen solchen Kontakt noch offene Fragen mit einem Verstorbenen zu klären. Das darf nicht verwechselt werden mit einem »Hellseher«, der in die Zukunft schaut. Ich bin zwar hellsichtig, aber ich mache keine Zukunftsprognosen, sondern Trauerarbeit. Falls du mehr darüber erfahren möchtest, findest du viele Bücher zu diesem Thema von mir.

Ich konnte schon immer die Geistige Welt wahrnehmen und sehe schon seit meiner Kindheit Verstorbene und Auren. Während der acht Jahre meiner intensiven Ausbildung habe ich diese Fähigkeit weiter trainiert und verfeinert.

Da ich in diesem Buch öfter Bezug zur Aura nehme, möchte ich dir hier ganz kurz erklären, was eine Aura ist. Allerdings werde ich das Thema nur sehr oberflächlich behandeln, gerade einmal so weit, wie es für mein Buch entscheidend ist. Die Aura ist das Energiefeld um unseren Körper. Ein Mensch, der die Aura sehen oder spüren kann und sich in dieser Fähigkeit ausgebildet hat, kann darin zum Beispiel erkennen, wie gesund ein Mensch ist, welche Gedankenstruktur er hat und welche Probleme, Muster oder Blockaden jemand mit sich trägt. Er erkennt aber auch das Potenzial und die Talente eines Menschen und kann durch Aura-Reading helfen, dessen wahres Potenzial zu entdecken und dessen Leben damit eine neue

Richtung zu geben. Aus meiner Sicht geht es bei einer Aura-Lesung nie um Zukunftsprognosen, sondern vielmehr darum, das gesamte Potenzial eines Menschen aufzuzeigen, sodass er aktiv und als Schöpfer sein Leben gestalten kann. Ich kann in einer Aura sehr schnell erkennen, ob jemand die Energie mitbringt, die er braucht, um in Zukunft sein Leben zu leben, oder ob jemand in Mustern und Blockaden gefangen ist und sich, quasi außengesteuert, als Opfer seines Schicksals fühlt.

Genau darum geht es in diesem Buch: dass wir unser inneres Licht zum Strahlen bringen, dass wir ins Schöpferbewusstsein kommen und die Energie der Aura verändern, sodass wir eine neue Resonanz und damit neue konstruktive Umstände um uns herum erschaffen. Bedenke, die Aura ist der Spiegel deiner Seele und es ist die Energie, die dein Umfeld durch die Resonanz beeinflusst. Veränderst du durch dein inneres Leuchten deine Aura, dann veränderst du auch dein Umfeld. Die Aura ist sehr komplex, ich könnte viel darüber schreiben, doch ich habe das Thema nur so weit angeschnitten, wie es für dich im Moment in Bezug auf dieses Buch wichtig ist.

Ein anderes Wort, das du oft lesen wirst, ist das Wort Geistführer. Im Grunde ist das nicht so wichtig für dich in diesem Buch, um dein Licht zum Leuchten zu bringen. Aber einige der Übungen finden zusammen mit dem Geistführer statt und an manchen Stellen erzähle ich von meinem Geistführer. Deswegen erkläre ich hier kurz, was das ist: Ein Geistführer ist ein Wesen aus der

Geistigen Welt; es gibt auch noch diverse andere Bezeichnungen dafür, im Schamanismus zum Beispiel ist es das Krafttier. Jeder von uns hat mindestens einen Geistführer, im Laufe des Lebens kommen immer mal wieder einige hinzu und andere gehen, aber einer bleibt von der Geburt bis zum Tod oder, wenn du an mehrere Inkarnationen glaubst, von der ersten Inkarnation bis zu deiner letzten. Ich nenne ihn den Hauptgeistführer, wir haben alle einen, ob wir daran glauben oder nicht, genauso wie wir alle einen Schutzengel haben. Doch der Geistführer ist anders als ein Engel. Im Unterschied zum Engel war ein Geistführer früher als Mensch auf der Erde inkarniert und kennt daher alle Themen, Sorgen, Probleme und Freuden, die wir als Menschen so erleben. Die Engel hatten nie eine körperliche Daseinsform als Mensch, das ist der Hauptunterschied. Ich arbeite persönlich lieber mit meinem Geistführer, er hat vieles selbst erlebt und kann mir klarere, verständlichere Hilfe geben als ein Engel. Ein Engel kennt zum Beispiel keinen Schmerz; der Geistführer hingegen kennt diese Empfindung genau, da er selbst einen Körper hatte. Ich stand schon als Kind in Kontakt zu meinem Geistführer und er war mir immer ein liebevoller Begleiter.

In diesem Buch geht es zwar nicht darum, deinen Geistführer kennenzulernen, doch wir werden deinen Begleiter, den auch du hast, in gewisse Übungen mit einbeziehen. Du musst ihn dafür weder sehen, noch Botschaften von ihm empfangen, noch daran glauben, dass es ihn wirklich gibt. Du musst mir nur vertrauen, dass auch du einen Geistführer hast, und falls dir das zu esoterisch ist, lass einfach die Übungen mit dem Geistführer weg. Für meine Methode brauchst du keine Verbindung zu ihm und auch nicht unbedingt die Übungen. Ich persönlich empfinde das allerdings als wunderbare Hilfe, denn er kann uns enorm darin unterstützen, unser inneres Licht zum Leuchten zu bringen. Es ist natürlich auch möglich, dass Kontakte zu deinem Geistführer stattfinden, sobald du dein inneres Licht »anzündest«. Falls du mehr über Geistführer erfahren möchtest, schau in mein Buch *Entdecke deinen Geistführer*. Aber, wie schon gesagt, für dieses Buch darfst du mir einfach vertrauen, dass du einen Begleiter in der Geistigen Welt hast, der dich unterstützt und immer an deiner Seite ist. Für mich ist er mein bester Freund aus der Geistigen Welt.

Eine Anmerkung noch: Wenn ich in den Seminaren von meiner Methode erzähle oder ich auf gewisse Kapitel eingehe, die ich hier geschrieben habe, höre ich von den Zuhörern immer mal wieder: »Klar, bei dir funktioniert das, du bist ja auch erfolgreich! Ist ja logisch, dass du dieses oder jenes bekommst, du bist eine öffentliche Person, aber bei uns funktioniert das nicht!« Das ist erstens Mangeldenken und zweitens nicht richtig! Der einzige Unterschied besteht darin, dass ich angefangen habe, mit dieser Methode zu arbeiten. Dort, wo ich heute stehe, stand ich in der Vergangenheit überhaupt nicht. Ich werde dir hier einige Stationen aus meiner Vergangenheit erzählen. Damit möchte ich mich nicht über meine Vergangenheit beklagen, doch sie zeigt dir, dass meine Grundvoraussetzungen nicht wirklich ideal waren. Wenn ich es also geschafft habe, dann kannst du das auch! Ich möchte dich damit motivieren und dich ermuntern, an dich selbst zu glauben.

Meine Eltern haben sich getrennt, als ich ein Jahr alt war und ich bin ohne Vater groß geworden. Folglich war meine Mutter alleinerziehend und wir hatten wenig Geld zur Verfügung. Bei uns war Sparen angesagt und den ersten richtigen Urlaub konnten wir uns erst leisten, als ich 16 Jahre alt war. Trotz dieses permanenten Geldthemas habe ich aber keinen wirklichen Mangel kennengelernt, denn unsere Mutter war uns immer ein Vorbild und es hat uns nie an Zuneigung und Anerkennung gefehlt. Dennoch musste ich mit zunehmendem Alter meine Einstellung zum Geld ändern und mich von bisherigen Glaubenssätzen lösen.

In den ersten Jahren meiner Schulzeit war ich nicht besonders beliebt bei meinen Mitschülern. Ich hatte oft körperliche Auseinandersetzungen, zum Teil waren heftige Prügeleien an der Tagesordnung, sodass ich auch schon mal mit ausgeschlagenen Zähnen heimkam. Mein Selbstvertrauen wurde dadurch ziemlich in Mitleidenschaft gezogen, und in dieser Zeit fehlte mir mein Vater sehr, denn alle meine Mitschüler hatten einen starken Vater. Ich hatte zwar eine starke Mutter, aber die Jungs, die mich verprügelten, sagten immer wieder, ihre Väter seien so stark, dass sie einen Lastwagen in die Luft heben könnten. Naja, heute lache ich über so etwas, aber damals machte es mir Angst. Weil ich es für möglich hielt, weil ich nicht wusste, was ein Vater so alles kann. Aus diesem Grund begann ich dann mit neun Jahren mit Kampfsport und das half mir enorm: Es förderte mein Selbstvertrauen, und schon bald waren Schläge kein Thema mehr.

Mit zehn Jahren hatte ich einen ziemlich schweren Verkehrsunfall, bei dem ich mir sehr viele Knochenbrüche zuzog. Danach war ich von heftigen Schmerzen geplagt – es war so schlimm, dass ich jeden Tag Schmerzmittel brauchte und gezwungen war, meinen geliebten Kampfsport für 18 Monate aufzugeben. Ich konnte mich kaum noch bewegen und musste am Anfang sogar wieder laufen lernen. Während dieser Zeit hatte ich das Glück, das erste Mal mit einer Heilerin in Kontakt zu kommen. Sie befreite mich durch geistiges Heilen von meinen Schmerzen, die klassische Schulmedizin fand damals keine Lösung für mein Problem. Es war eine sehr prägende Zeit für mich.

Mein Interesse für das Übersinnliche wurde also mit zehn Jahren geweckt und die Heilerin zeigte mir damals bereits einige Übungen. Von dem Tag an gehörte das Übersinnliche für mich dazu. Obwohl ich schon vorher immer mal wieder Verstorbene wahrgenommen hatte, war dies der erste Schritt meiner Ausbildung. Das Thema fesselte mich und ich las viel darüber. Auch beim Kampfsport war mein Interesse vor allem auf die CHI-Entwicklung gerichtet und ich war fasziniert von den »übersinnlichen« Kräften der Shaolin Mönche. Doch alle hielten mich für verrückt, und wenn ich dann noch von meinen Geistfreunden erzählte, wurde ich erst recht nicht ernst genommen. So lernte ich, darüber zu schweigen, und habe erst mit 19 Jahren wieder bewusst damit angefangen, mich mit diesen Themen zu beschäftigen. Ich begann damals mit Kursen, Weiterbildungen und Ausbildungen. Kaum jemand in meinem Alter interessierte sich für diese Themen, so war ich in diesem Bereich wieder ein Außenseiter, doch das störte mich nicht wirklich.

Zu der Zeit begann ich auch die Ausbildung an einer Schauspielschule in Deutschland, was sich, ehrlich gesagt, als der reinste Psychoterror herausstellte. Ich war ein paar Mal kurz davor aufzugeben, mein Lehrer konnte mich nicht ausstehen und wir wurden ständig kritisiert. Statt dass man uns Selbstbewusstsein beigebracht hätte, wurde ständig etwas an unserem Körper beanstandet – zu dick, zu dünn, zu unbeweglich, zu wenige Muskeln, zu hässlich für die Rolle ... und so weiter. Ich bekam noch zusätzlich mein Fett weg, weil sich mein Hochdeutsch damals anhörte wie das von DJ Bobo (sorry, ist nicht böse gemeint). Jeden Tag prophezeite mir mein Lehrer, mein Deutsch sei so schlecht, ich würde nie eine Rolle bekommen. Ich war oft krank und meiner Psyche ging es wirklich nicht gut damals. Doch ich konnte nicht aufgeben, weil meine Mutter ihr Erbe eingesetzt hatte, um mir die Schauspielschule zu ermöglichen. Das konnte ich ihr nicht antun. Nach zwei Jahren hatte ich das Glück, dass ich neben der Schauspielschule Aufträge als Schauspieler bekam, in den Ferien in Fabriken, im Verkauf und für Umzugsunternehmen arbeiten und auch Putzjobs erledigen konnte. Damit finanzierte ich vor allem meine mediale Schule, die ich gegen Ende meiner Zeit in der Schauspielschule begann, da ich immer mehr merkte, dass das nicht mein Weg war. Hinter den Kulissen sah ich zu viele kaputte Existenzen, die kein Geld hatten, alkoholkrank waren oder drogenabhängig. Die lachenden Gesichter waren oft nur auf der Bühne oder vor der Kamera zu sehen, und obendrein war der Umgang unter den Kollegen meist rau und nicht gerade freundschaftlich.

Meine Ausbildung zum Medium begann ich zunächst nur, um mit meiner Hellsichtigkeit umgehen zu lernen, die mir, seit ich 21 war, mehr Probleme bereitete als half. Ich wollte nie Medium werden, doch während der Ausbildung, ich war 23 Jahre alt, starb mein Vater. Ein Jenseitskontakt mit ihm, der mir damals vermittelt wurde, war für mich so heilsam, dass ich mich entschied, mein Talent zu nutzen, und andere Menschen dieselbe Heilung erfahren zu lassen. Von dem Tag an gab ich alles auf für meine Berufung. Ab und an arbeitete ich später noch als Schauspieler, hielt mich sonst mit diversen Jobs über Wasser und nutzte jede freie Minute und jeden Franken für meine Ausbildung. Ich blieb bei meiner Mama wohnen, bis ich 27 Jahre alt war und hatte bis dahin weder ein Auto noch eine Fahrprüfung.

Meine Methode entdeckte ich 2004 und ab diesem Zeitpunkt begann ich, sie umzusetzen und zu verfeinern. Von da an fiel mir vieles leichter. Doch erst um das Jahr 2006 herum hatte ich den Dreh wirklich raus, der Giger Verlag kam auf mich zu und wollte ein Buch mit mir machen. Ich war damals gänzlich unbekannt, doch Sabine Giger war einfach fasziniert, wie ich als junger Mensch die Spiritualität lebte. Niemand rechnete mit einem Erfolg. Aber als ich mich entschieden hatte, das Buch zu schreiben, habe ich meine Methode neu angepasst und den Aspekt des »Bestsellerautors« mit hineingenommen. Was ich damit meine, wirst du später erfahren. Das Buch *Leben in zwei Welten* ist 2007 erschienen und wurde sofort ein Bestseller. Von meinem Umfeld hörte ich aber zuerst jeden Tag: »Esoterikbücher verkaufen sich nicht, du wirst nie von dem Beruf als Medium leben können.« Doch ehrlich gesagt, war das nicht meine Motivation, ich wollte nur eins: Meine Berufung leben und mein entdecktes inneres Licht zum Strahlen bringen. Das ist bis heute so geblieben, das ist meine einzige Motivation.

Ich habe dieses Kapitel kurz gehalten, ich wollte dir damit nur zeigen, dass mein Leben nicht immer so war, wie es heute ist, und ich bin mir sicher, dass dein Leben ähnliche Züge hat. Ich bin heute 34 Jahre alt und habe sieben Bücher geschrieben, dieses ist mein achtes, und alle wurden bis jetzt Bestseller. Bei diesem weiß ich es noch nicht, da es ja noch nicht auf dem Markt ist, aber wenn meine Methode auch im Jahr 2014 noch funktioniert, dann wird es so eintreffen.

Das nur zur Erklärung. Jetzt lass uns aber wirklich die Reise beginnen, lass uns dein Licht zum Leuchten bringen. Ich freue mich für dich.

Zünde dein inneres Licht an!

*»Erkenne, dass du Licht bist!
Lass es jetzt nach außen
strahlen.«*

Was bedeutet dieses innere Licht? Es ist natürlich nur eine Umschreibung, aber mir ist aufgefallen, dass es Menschen gibt, die von innen heraus leuchten, meistens erkenne ich das in ihren Augen. Wenn man dazu noch die Aura beobachtet, dann sieht man auch dort, dass sie kräftig und strahlend ist. Man sagt, man könne die Seele eines Menschen in den Augen erkennen oder die Augen seien das Tor zur Seele, das finde ich absolut passend. Durch meinen Beruf darf ich viele verschiedene Menschen kennenlernen und mich hat schon immer fasziniert, dass ich bei einigen dieses spezielle Leuchten in den Augen wahrnehmen kann. Ich weiß dann, das ist ein Mensch, der größtenteils seine Bestimmung lebt und von innen heraus strahlt.

Früher habe ich immer gesagt, dass erfolgreiche Menschen dieses innere Licht ausstrahlen, doch das wurde oft falsch verstanden, weil in den meisten Köpfen das Wort »erfolgreich« immer im Zusammenhang mit Geld gesehen wird. Ich sehe das nicht so, Geld ist nur einer von mehreren Faktoren, die für mich Erfolg bedeuten. Deswegen nenne ich es heute lieber das innere Leuchten. Gerade in der spirituellen Szene ist Geld nach wie vor noch oft ein Problem. Dabei ist Geld nichts anderes als Energie, und je mehr sie hinaus- und wieder zurückfließt, desto mehr ist diese Energie im Gleichgewicht. Leider haben viele Menschen, die sich mit spirituellen Themen beschäftigen, oft keinen Rückfluss des Geldes, und diese Tatsache zeigt im Grunde nichts anderes, als dass die Energie irgendwo blockiert sein muss. Dennoch ist für mich ein Mensch, der erfolgreich ist oder das innere Licht entzündet hat, viel mehr als nur ein Mensch, der Geld auf dem Bankkonto oder wo auch immer hat. Ein Mensch, der sein inneres Licht leuchten lässt, ist auf allen Ebenen erfolgreich: Selbstliebe, Partnerschaft, Freundschaften, Gesundheit, Berufung, er ist glücklich, emotional stabil, lösungsorientiert, liebevoll zu sich und seinem Umfeld, finanziell im Fluss und vor allem erfüllt von seinem Sein.

Ich sehe, dass dieses Licht von der Wirbelsäule ausgeht, auf der Höhe zwischen Solarplexus und Herzchakra. Wenn man im richtigen Bewusstsein ist, fühlt man dort einen Kick oder eine Art Aufrichten. Dann beginnt die Energie im ganzen Körper zu fließen und es sieht für mich aus, als würde der Mensch von innen her leuchten. In der Nähe eines Menschen spürt man sofort, ob sein Licht leuchtet oder ob es matt geworden ist.

Wir alle tragen dieses Licht in uns, wir sind vom Ursprung her vollkommenes Licht oder göttliche Wesen. Einige von uns müssen dieses Licht nur wieder nach außen tragen und nähren, damit dessen Leuchtkraft auch wahrgenommen werden kann. Niemand trägt kein Licht. Wir alle sind im Grunde vollkommene, von Licht erfüllte Seelen, auch wenn es uns manchmal schwerfällt, das zu glauben oder bei unseren Mitmenschen zu erkennen. Wichtig zu wissen ist, dass nicht nur Menschen, die sich mit spirituellen Themen beschäftigen, dieses Licht entzünden können, sondern dass es jeder in sich zum Leuchten bringen kann. Ob wir uns für spirituelle Themen interessieren oder nicht, spielt dabei keine Rolle. Das innere Licht ist kein esoterisches Phantasiekonstrukt. Ich nenne es einfach das innere Licht, andere würden ihm einen anderen Namen geben, doch das ist nicht so wichtig. Viel wichtiger finde ich, dass alle, die ihr Licht zum Strahlen bringen wollen, das auch tun, denn dann kann sich die Welt zum Positiven hin verändern.

Doch das Wichtigste ist: Wir können die Welt nur verändern, wenn wir zuerst uns selbst verändern. Nichts im Außen erwarten, sondern im eigenen Inneren beginnen, dann wird sich das Außen auch bald verändern. Zu oft geben wir die Verantwortung ab und schieben dem Umfeld die Schuld für unseren Mangel zu. Du musst wissen: Niemand und nichts kann für dich dein Leben besser machen, niemand und nichts kann für dich die Arbeit übernehmen, dein Licht zum Leuchten zu bringen, nur du kannst das, nur du hast es selbst in der Hand. Erkenne dein Potenzial und deine schöpferischen Möglichkeiten, du kannst dich jetzt entscheiden, dein Licht zu entzünden, oder du kannst die Verantwortung abgeben.

Höre auf, dieses Buch zu lesen, wenn du nicht bereit dazu bist. Lies bitte dieses Buch nicht nur, damit du es gelesen hast, lebe dieses Buch, setze es um. Nur lesen und darüber nachdenken wird dich nicht weiterbringen. Erst wenn du beginnst, es zu leben, kann sich etwas verändern. Wer im Nachdenken stecken bleibt, bewegt sich nicht im Lebensfluss. Beginne zu leben und zu leuchten. Du kannst es, du hast alles, was du brauchst, in dir, du musst es nur erkennen und deinem Licht die richtige Nahrung geben, damit es heller strahlen kann. Egal in welcher Intensität unser Licht bereits strahlt, jeder kann noch mehr davon in sich aktivieren. Hat das Buch seinen Weg zu dir gefunden, dann enthält es auch für dich eine Botschaft. Selbst wenn es von all den Sätzen nur ein Satz ist, der Resonanz bei dir findet, dann war das bereits genug. Bedenke, dieses Buch kam zu dir, weil die Botschaft mit dir in Resonanz geht. Nur deswegen, es gibt keinen Zufall.

Es ist schön, dass du da bist, danke für dein Licht. Dein Licht ist wichtig für diese Welt, auch wenn du das vielleicht noch nicht sehen kannst! Du bist wichtig!

Kerzen-Meditation »Zünde dein inneres Licht an«

Diese Meditation kannst du, sofern du Spaß daran hast, jeden Tag üben; regelmäßig durchgeführt, kann sie deine Selbstheilungskräfte aktivieren sowie deine Ausstrahlung und Resonanz positiv verändern. Sie wird dein inneres Licht zum Strahlen und Leuchten bringen.

Je nach Wunsch kannst du zu dieser Meditation noch Kerzen, Räucherwerk, Düfte und schöne sanfte Musik hinzuziehen. Gestalte deinen Übungsraum so, wie es für dich stimmig ist. Ich liebe das Schlichte, Einfache ohne viele »Zusätze«. Weil ich persönlich darauf keinen großen Wert lege, halte ich auch alle Übungen in diesem Buch sehr schlicht und einfach, dennoch kannst du alles so ausschmücken und gestalten, wie es für dich stimmig und gut ist.

Fühle dich frei und nimm meine Anleitung nur als Anregung, das ist das Wichtigste. Auf der dem Buch beiliegenden CD findest du diese Meditation auch, und wenn es dir lieber ist, kannst du sie direkt nach der Anleitung der CD machen. Auf dieser CD habe ich zusätzlich Suggestionen einfließen lassen, die dir helfen werden, eine noch tiefere Wirkung zu erzielen. Somit ist die Meditation hier im Buch im Vergleich zu der auf der CD ein bisschen anders.

Also: Setze dich bequem hin und mache es dir gemütlich, wenn du möchtest, kannst du dich auch hinlegen. Beobachte einen Moment lang nur deinen Atem, nimm wahr, wie du einatmest und ausatmest, fühle, wie die Luft beim Einatmen kühler ist und beim Ausatmen wärmer. Beobachte circa 20–30 Züge lang nur deinen Atem. Lass Stille und Ruhe in deinen Körper und deine Gedanken einkehren.

Wenn du so weit bist, lenke die Aufmerksamkeit auf dein Herz und stelle dir vor, dass dort eine Kerze brennt. Sieh das Licht der Kerze in deinem Herzen. Lass nun mit jedem weiteren Atemzug das Licht immer heller und größer werden. Du atmest ein – das Licht wird immer heller, du atmest aus – es wird größer und größer. Dehne das Licht langsam in deiner Herzgegend und in deinem Oberkörper aus. Lass den Atem frei und leicht fließen.

Fülle dann mit deinem Licht langsam deinen gesamten Körper und mache dir bewusst, dass jede deiner Zellen durch dein Licht in ihre natürliche Schwingung versetzt wird und dadurch deine Selbstheilungskräfte aktiviert werden. Sei dir zudem bewusst, dass du mehr bist als nur dieser Körper, nämlich reines göttliches Licht.

Zusätzlich hilft dir dein Geistführer dabei, dein Leuchten voll und ganz zu entfalten. Bitte ihn, dein göttliches Licht zu aktivieren und dein inneres Licht zum Strahlen zu bringen, auch über deinen Körper hinaus in deine Aura. Mit jedem Atemzug wird dein Licht größer und heller und dein göttliches Licht erstrahlt immer mehr.

Genieße eine Zeit lang die Ruhe und lasse deine Helfer aus der Geistigen Welt dein göttliches Licht mit jedem Atemzug mehr und mehr zum Erstrahlen bringen. Atme eine Weile einfach ruhig weiter und sei dir bewusst, dass du gerade von deinen Helfern aus der Geistigen Welt viel Heilung erfährst, auch wenn du das vielleicht nicht wahrnehmen kannst.

Bitte nach einer Zeit deine Freunde aus der Geistigen Welt, jede Zelle deines Körpers aktiv mit hellgrünem, heilendem Licht zu füllen. Wandere nun aufmerksam durch deinen Körper und nimm wahr, wie er von deinen Füßen her bis zu deinem Scheitel langsam mit diesem Licht aufgefüllt wird. Lass dir Zeit dafür.

Sobald du am Scheitel angekommen bist, stellst du dir vor, Selbstbewusstsein in deine Lungen einzuatmen, das sich mit jedem Atemzug von den Lungen her in deinem ganzen Körper ausbreitet. Bitte deine Helfer aus der Geistigen Welt, diesen Prozess zu begleiten und zu unterstützen. Spüre, wie du immer selbstbewusster wirst, wie sich dein Körper innerlich immer mehr aufrichtet. Lass dir auch dafür Zeit.

Dann lenke deine Aufmerksamkeit wieder auf deine Füße und stelle dir vor, wie Ruhe und Gelassenheit in deinen ganzen Körper einströmt. Lass die Ruhe von deinen Füßen aufwärts langsam bis zu deinem Scheitel immer weiter emporsteigen, bis dein gesamter Körper davon erfüllt ist.

Anschließend konzentrierst du dich wieder auf dein Herz und bittest deine Helfer aus der Geistigen Welt, Liebe in dein Herzchakra fließen zu lassen. Fühle, wie die Liebe für dich und dein Umfeld immer größer wird, wie sie sich vom Herzen her in deinem Körper mehr und mehr ausbreitet, so lange, bis dein gesamter Körper von Selbstliebe und Liebe für andere erfüllt ist. Du bist pure, reine Liebe.

Lass die Liebesenergie nun auch langsam und bewusst in deine Aura einfließen, stelle dir vor, wie deine ganze Aura durchflutet wird von dieser Energie.

Sobald deine Aura mit Liebe erfüllt ist, verbleibe in dieser Energie, spüre in deinen Körper hinein und fühle, wie er sich nach dieser Meditation anfühlt.

Genieße die Veränderung, vielleicht ist sie beim ersten Mal noch nicht so groß, doch je öfter du diese Übung machst, umso mehr wird dein inneres Licht sich ausdehnen und leuchten. Du wirst merken, wie sich deine Ausstrahlung verändert und du selbstbewusster und liebevoller mit dir selbst und deinen Mitmenschen umgehst. Außerdem werden dabei deine Selbstheilungskräfte aktiviert, was wiederum zu einem gesteigerten Wohlbefinden führt.

Erlebnis mit einem Verstorbenen an Weihnachten

»Love can never die!«

Gerade in der Weihnachtszeit denken wir oft an liebe Menschen, die schon in die Geistige Welt zurückgegangen sind. In dieser Zeit werde ich häufig gefragt, ob die Verstorbenen dann mehr bei uns sind oder wie sie diese Zeit wahrnehmen. Da ich ja hauptsächlich bekannt wurde als Jenseitsmedium, ist diese Frage natürlich verständlich. Ich möchte hier, obschon es vielleicht auf den ersten Blick nicht ganz zum Thema passt, eine Geschichte erzählen, in der es um Verstorbene geht, und dir auch später noch einige Übungen zum Thema Verstorbene und Jenseits anbieten. Wenn du das für dich als zu esoterisch oder als nicht stimmig empfindest, dann überspringe einfach die nächsten Kapitel. Manchmal allerdings wird unser inneres Licht blockiert, weil wir nicht an ein Leben nach dem Tod glauben oder weil wir noch ein paar Dinge mit einem Verstorbenen zu klären haben. Ich schreibe hier nur wenig darüber, aber es ist wichtig, dass auch du kurz darüber nachdenkst, ob vielleicht noch etwas offen ist zwischen dir und einem Verstorbenen.

Ich persönlich finde es wertvoll, sich dessen bewusst zu sein, dass es wirklich ein Leben nach dem Tod gibt – damit lösen sich viele Ängste in Luft auf, denn fast alle unsere Ängste haben ihren Ursprung darin, dass wir sterben oder jemanden verlieren könnten. Wenn wir uns darüber im Klaren sind, dass das nicht möglich ist, stellen wir auch schnell fest, dass viele Ängste sinnlos sind. Indem wir den Körper hier verlassen, wechseln wir nur unsere Daseinsform und wir werden alle unsere Lieben, die vor uns gegangen sind, nach unserem physischen Tod wiedersehen. Mit diesem Bewusstsein können wir ein bisschen entspannter durchs Leben gehen.

Noch ein kurzer Einschub: Es ist heute noch nicht wissenschaftlich beweisbar, dass es Menschen wie mich gibt, die mit Verstorbenen kommunizieren können, doch das ist auch gar nicht so wichtig. Viel wichtiger finde ich die neuesten Erkenntnisse, nämlich dass man mittlerweile weiß, dass der Mensch zu 100 Prozent aus reiner Energie besteht. Früher dachte man da noch anders. Wir wissen auch, dass Energie weder auflösbar noch zerstörbar ist, sondern nur den Zustand verändern kann. Somit ist im Grunde wissenschaftlich bewiesen, dass wir nach dem physischen Tod noch in einer anderen Form existieren müssen.

Ich kann bereits seit meiner Kindheit Verstorbene hellsichtig wahrnehmen und habe erst in meiner Jugend realisiert, dass diese Gabe anscheinend nicht »normal« ist. Für mich hat der Tod nichts Schlimmes oder Erschreckendes an sich, denn immer wenn hier ein Mensch seinen Körper verlässt, wird er in der liebevollen und lichtvollen Geistigen Welt wiedergeboren. Ich bezeichne die Geistige Welt auch als unsere wahre Heimat, weil wir dort von allem Leid befreit sind. Dennoch ist mir bewusst: Trotzdem wir das alles wissen oder an ein Leben nach dem Tod glauben, vermissen wir die verstorbene Person und sind traurig. Das ist absolut normal. Obschon ich die Verstorbenen sehen und nach ihrem Tod mit ihnen kommunizieren kann, vermisse ich sie physisch genauso immer wieder. Einfach seinen Vater, seine Mutter, sein Kind oder eine geliebte Person wieder in die Arme zu schließen oder deren Lachen oder Stimme zu hören, das fehlt mir genauso. Und doch hilft mir mein Talent zu wissen, dass es allen gut geht. Das schenkt mir eine tiefe Ruhe für mein Herz und mein Leben.

Obschon ich seit Jahren aus Zeitgründen keine Einzelberatungen mehr geben kann, häufen sich die Anfragen und E-Mails um die Weihnachtszeit enorm. Oft werde ich dabei gefragt, ob die Verstorbenen an Weihnachten bei uns sind oder sogar das Fest mit uns feiern. Das kann ich mit Ja beantworten und ich möchte dir dazu eine Geschichte erzählen, die ich erlebt habe: Bei uns in Sissach gibt es seit einigen Jahren einen sehr schönen Brauch am Weihnachtsabend, bei dem die Menschen auf dem ganzen Friedhof Kerzen auf die Gräber und Friedhofswege stellen. Das erzeugt natürlich in der sowieso schon sehr besonderen Nacht eine ganz spezielle Stimmung. Außerdem singt die Heilsarmee noch Weihnachtslieder auf dem

Friedhofsplatz, auf dem sich dann alle Besucher versammeln. Am spannendsten ist für mich weniger das, was auf der irdischen Ebene abläuft, sondern das, was ich hellsichtig wahrnehme. Fast alle Besucher gehen zuerst an die Gräber ihrer lieben Verstorbenen und tauschen sich dort in Gedanken aus. Dabei ist es für mich schön zu sehen, dass die Verstorbenen nicht bei den Gräbern auf ihre Liebsten warten, sondern bereits mit ihnen den Friedhof betreten. Denn in Wirklichkeit sind ja die Seelen der Verstorbenen nicht in den Gräbern, sondern immer wieder mal bei uns zu Besuch. Sobald wir an sie denken, nehmen sie uns wahr und schauen bei uns vorbei. Besonders am Weihnachtsabend freue ich mich zu sehen, dass so viele Menschen die Gräber besuchen – und manchmal scheint es, als würden die Verstorbenen ihre Liebsten in den Arm nehmen, um ihnen zu zeigen, dass alles gut ist und sie immer noch da sind. Die Verstorbenen wünschen sich nichts mehr, als dass wir die Trauer loslassen und wieder glücklich werden können. Und dass wir erkennen, dass das Leben ewig ist.

Ein besonderes Erlebnis hatte ich, als wir am Weihnachtsabend des Jahres 2010 auf dem Friedhof waren. Ich stand mit meiner Mutter am Grab meines Großvaters und eine Reihe vor uns war eine Frau an einem anderen Grab. Auf einmal konnte ich ihren verstorbenen Mann klar neben ihr wahrnehmen. Man sah der Frau die tiefe Trauer an und die Schwere, die ihr Herz durch den Verlust umgab. Ihr Licht war schwach und die Aura durch die Trauer eng am Körper; auch ihr Gesicht war gezeichnet von Trauer.

Dann nahm ihr Mann sie mit seinem Lichtkörper in den Arm und auf einmal veränderten sich die Züge ihres Gesichts, sie lächelte, schloss die Augen, und es sah aus, als würde sie die Umarmung wirklich fühlen und genießen. Es war ein so wunderschönes Bild, und es ist mir leider unmöglich, die Liebe zu beschreiben, die ich zwischen diesen beiden Menschen wahrgenommen habe. Dieser innige Augenblick dauerte ein paar Minuten, dann verlor ich die Frau aufgrund der vielen anderen Menschen aus den Augen. Doch das, was ich gesehen hatte, hat mich tief berührt, denn ich wusste, dass sich das Leben der Frau durch dieses intensive spirituelle Erlebnis verändern würde. So etwas gibt es leider nur ganz selten. Es bekommen zwar viele Menschen immer wieder Zeichen von Verstorbenen, aber man sah der Frau an, dass es für sie an dem Erlebten keinerlei Zweifel gab. Die Begegnung mit ihrem Mann war für sie so klar und stark, dass sie auch wirklich die Heilung des Verlustes in Gang gebracht hat.

Nachdem wir vom Grab meines Großvaters zu dem kleinen Platz gingen, an dem ältere Damen und Herren von der Heilsarmee Weihnachtslieder sangen, sah ich unter den Zuschauer auch wieder die ältere Dame. Sie strahlte immer noch von einem Ohr zum anderen und ich hörte sie zu einer Bekannten sagen: »Du hältst mich für verrückt, aber ich habe vorhin die Umarmung meines verstorbenen Mannes gespürt. Jetzt weiß ich, dass er immer noch da ist.« Die Bekannte schaute sie an, nickte und man sah, dass sie die Dame wirklich für verrückt hielt. So bekam ich den Impuls, zu der Frau zu gehen und ihr zu sagen: »Ich bin überzeugt, dass Sie heute eine Begegnung mit Ihrem verstorbenen Mann hatten, er war da und wird immer da sein. Ich bin vielleicht auch verrückt, aber ich stand hinter Ihnen und ich sah die Liebe und die Umarmung zwischen Ihnen und Ihrem Mann. Danke, dass ich das erleben durfte. Und außerdem: Seien wir doch lieber verrückt und dafür glücklich, statt normal.« Sie blickte mich an und meinte dann: »Sie schickt der Himmel!« Ich erwiderte: »Nein, aber Ihrem Mann ist es unglaublich wichtig, Sie wissen zu lassen, dass er immer noch lebt.« »Ich kenne Sie aus dem TV und weiß, was Sie machen. Jetzt ist mir klar: Wir sind beide verrückt!« Ich musste schmunzeln: »Danke, und vor allem sind wir glücklich. Schöne Weihnachten!« Sie lächelte zurück und ich ging wieder zu meiner Mutter zurück, die mich fragte: »Kennst du die Frau?« »Nein, Mama, aber sie ist genauso verrückt wie ich und das macht mich glücklich!« Meine Mama lachte nur und meinte: »Singen sie nicht schön?« »Ehrlich, Mama, sie geben sich Mühe und sie machen es aus Liebe, aber schön würde ich es nicht bezeichnen. Doch es gibt eine friedliche Stimmung und das ist alles, was zählt.« Es tut mir leid, ich haben tiefen Respekt vor dem Einsatz dieser Damen und Herren und ich könnte es nicht besser. Es waren allerdings immer wieder einige falsche Töne dabei, doch es kam so tief aus ihren Herzen, da spielte das alles keine Rolle. Bevor ich nach Hause ging, warf ich nochmals einen Blick zu der Frau:

Durch das Erlebnis begann ihr inneres Licht wieder stärker zu leuchten und auch ihre Aura dehnte sich aus.

In meinen Einzelberatungen habe ich immer wieder erlebt, dass mir die Verstorbenen von ihrer Anwesenheit am Weihnachtsfest erzählt haben, obwohl das für die Angehörigen nicht wahrnehmbar war. Die Verstorbenen berichteten mir dann oft, was am Weihnachtsfest Besonderes passiert ist, damit die Menschen, die die Sitzung bei mir besuchten, auch einen Beweis bekamen.

Ich möchte hier ein weiteres Erlebnis zum Thema Weihnachten erzählen, denn es zeigt auf wunderbare Weise, dass die Verstorbenen ihren Humor behalten. Eine Frau, die ihren Vater verloren hatte, kam zu mir, und ich nahm schon zu Beginn der Sitzung wahr, dass er einen ziemlich guten Humor hatte und auch für diesen bekannt war. Solche Sitzungen mag ich besonders, denn Jenseitskontakte haben immer ein bisschen was Trauriges. Aber wenn dann der Verstorbene lustige Erlebnisse beschreibt und man zusammen mit dem Klienten auch mal lachen kann, wird es zu einem richtig schönen Erlebnis für alle Parteien. Jedenfalls hat dieser Vater zuerst ganz normal ein bisschen aus seinem Leben erzählt, damit die Tochter auch wissen konnte, dass ich wirklich mit ihrem Vater in Kontakt stand.

Auf einmal gab er mir zu verstehen, er wolle über das letzte Weihnachtsfest sprechen, und diesen Wunsch gab ich sofort an die Tochter weiter. Sie schaute mich verwundert an und meinte: »Da war er aber schon gestorben.«

Der Vater teilte mir mit, dass er das wisse, aber er sei dennoch da gewesen, genauso wie die Tante. Ich empfing keinen Namen der Tante, keine weiteren Einzelheiten, und dass eine Tante auch am Weihnachtsfest teilnimmt, daran fand ich zunächst nichts Besonderes. Die Tochter bestätigte die Aussage des Vaters, der daraufhin zu erläutern begann: »Die Tante war die letzten paar Jahre nicht mehr dabei, weil sie immer alle mit ihren Weihnachtssongs gequält hat. Außerdem hat sie zu solchen Anlässen auch gern mal zu tief ins Glas geschaut.« Die Tochter blickte mich nur verblüfft an und meinte: »Ja, das ist wahr.« Ihr Vater schickte mir daraufhin Bilder und ich sah die Tante singen und Gitarre spielen – und auf einmal kippte der Weihnachtsbaum hinter ihr um und traf sie an Rücken und Kopf. Dabei nahm ich aber auch wahr, dass der Tante nichts passiert ist, sie jedoch vor Schreck aufgehört hat zu singen und man Späße darüber machte, dass das der Vater aus der Geistigen Welt gewesen sein muss, weil er sich bereits zu seinen Lebzeiten so über den Gesang aufgeregt hat.

Als ich meiner Klientin diese Bilder weitergab, musste sie lachen und meinte: »Ja, genau so war es, und wir sind überzeugt, dass er den Baum zum Kippen gebracht hat. Das wäre typisch für ihn.« Doch der Vater widersprach: »Nein, ich war es wirklich nicht, auch wenn es gepasst hätte. Es ist mir auch wichtig, mich bei der Tante zu entschuldigen, denn ich habe sie immer abgelehnt und war aufgrund ihres Alkoholkonsums oft sehr unfreundlich zu ihr. Das war keine böse Absicht, doch sie hat mich immer an meine Kindheit erinnert: Meine Mutter war Alkoholikerin und die Tante hat durch ihr Verhalten immer wieder die alten Muster und Verletzungen in mir hervorgeholt. Heute weiß ich, dass ich ihr hätte helfen sollen und sie nicht aus der Familie ausschließen. Danke, dass ihr die Tante wieder aufgenommen habt und ihr das Gefühl gebt, zur Familie zu gehören. Ich hoffe, sie kann mir verzeihen, denn es tut mir wirklich leid.« Nach dieser Bitte erzählte mir die Tochter unter Tränen: »Wir hatten echt ein schlechtes Gewissen, dass wir die Tante wieder eingeladen haben. Denn wir wussten ja, dass unser Vater das kaum ertragen konnte, und nach der Geschichte mit dem Weihnachtsbaum waren wir noch verunsicherter. Ich werde meiner Tante die CD von der Sitzung schicken und hoffe, sie hört sie sich an.« Ein paar Wochen später schrieb mir die Klientin, dass die Tante sich die CD angehört und dem Vater verziehen habe. Jetzt sei sie sogar in einer Entzugsklinik und bis jetzt »trocken«.

Mich hat diese Sitzung sehr berührt, weil sie humorvoll war und doch zugleich eine tiefe Heilung stattfinden konnte. Bei diesem Beispiel sieht man, dass es für manche Menschen wichtig sein kann, Themen mit Verstorbenen nochmals anzuschauen und zu klären, denn dann ist Heilung möglich und wir können unser Licht einfacher und schneller zum Leuchten bringen. Schuldgefühle, das Gefühl, nicht geliebt oder anerkannt worden zu sein oder einfach tiefe Trauer können es uns schwer machen, ein befreites, glückliches Leben zu führen.

Schreibe einen Brief an einen Verstorbenen

»Kläre deine Vergangenheit,
damit dein Weg in die Zukunft
frei von Ballast ist!«

Wenn es bei dir auch noch ein offenes Thema mit einem Verstorbenen gibt, habe ich hier eine Übung für dich. Falls du nicht die Möglichkeit hast, ein Medium aufzusuchen oder das nicht möchtest, kannst du das genauso gut zu Hause in einer einfachen Übung für dich klären. Gerade für eine Entschuldigung oder bei einer Verabschiedung braucht man im Grunde kein Medium, die Verstorbenen können uns immer noch hören und wahrnehmen. Leider ist es uns nur oft nicht möglich, sie wahrzunehmen.

Auch falls du kein offenes Thema mehr hast, aber trotzdem noch ein paar Worte an einen lieben Verstorbenen richten möchtest, kannst du diese Übung durchführen. Du musst dir einfach bewusst machen, dass der Verstorbene deine Gedanken und Worte immer hören kann, und besonders wenn du ihn bittest, zu dir zu kommen, wird er da sein, auch wenn es dir nicht möglich ist, ihn zu spüren. Aber er wird da sein und vor allem, er wird alles mitbekommen, was du denkst und tust.

Ich durfte bereits viele trauernde Menschen begleiten, denen diese Übung geholfen hat. Alles, was du für dafür brauchst, ist ein Blatt Papier und einen Stift. Schreibe dann an den Verstorbenen einen Brief, in dem du das ausdrückst, was du ihm noch mitteilen willst – was dich noch belastet, was noch zwischen euch steht, oder auch Worte der Liebe. Natürlich kann er auch deine Gedanken wahrnehmen und du könntest ihm alles genauso gut in Gedanken übermitteln. Ich habe jedoch die Erfahrung gemacht, dass man diese Übung schriftlich viel bewusster macht und sie so auf einer tieferen Ebene zur Heilung beitragen kann.

Sobald du den Brief beendet hast, kannst du ihn zum Beispiel irgendwo als Erinnerung bei dir auf die Seite legen. Ich persönlich habe meinen Klienten oft vorgeschlagen, damit in den Wald zu gehen, ein Feuer zu machen und den Brief dort zu verbrennen. In alten Kulturen und Ritualen weiß man um die reinigende Kraft des Feuers. So kannst du ein kleines Abschiedsritual gestalten, ganz nach deinem persönlichen Geschmack. Einige meiner Klienten haben den Brief zum Grab des Verstorbenen gebracht und dort vergraben. Das ist auch ein sehr schönes Ritual.

Diese Übung scheint vielleicht auf den ersten Blick sehr unspektakulär, doch sie kann ein wichtiger Schritt bei der Trauerverarbeitung und der erste Schritt zum Leuchten sein.

Zeichen von Verstorbenen, dass es ein Leben nach dem Tod gibt

*»Wir können nicht sterben,
da wir reine lichtvolle
Energie sind!«*

Viele Menschen möchten gern ein Zeichen von einem Verstorbenen bekommen, um zu wissen, dass er immer noch da ist und dass es ihm gut geht. Das würde sie beruhigen und ihnen ein gutes Gefühl geben. So habe ich hier noch ein paar Zeilen zu diesem Thema geschrieben.

Viele haben von einem Verstorbenen schon ganz klare Zeichen erhalten, sie zweifeln nicht mehr an einem Leben nach dem Tod. Einige haben oder hatten bis jetzt aber noch nicht das Glück. Oder es ist einfach alles geklärt, sodass sie diese Zeichen auch nicht brauchen, um ein zufriedenes Leben führen zu können. Falls du dir ein Zeichen wünschst, aber noch nie eins erhalten hast, dann mache dir bewusst, dass es einfach nicht jedem Verstorbenen möglich ist, klare Zeichen zu schicken. So wie beispielsweise auch nicht jeder tanzen kann. Doch der wahrscheinlichste Grund, warum einige Hinterbliebene klare Zeichen von Verstorbenen bekommen und andere nicht, ist der, dass manche einfach nicht in der Lage sind, diese zu erkennen oder wahrzunehmen. Zum Beispiel, weil sie es dem Zufall zuschreiben oder sie sich vor lauter Zweifel und dem fixen Gedanken, unbedingt ein Zeichen erhalten zu wollen, selbst blockieren. Man darf auch nicht vergessen, es ist ein enormer »Kraftaufwand« für Verstorbene, uns Zeichen zu schicken. Nicht jedes ist zudem präzise genug, um es klar zu interpretieren. Und manchmal ist es den Verstorbenen auch nicht möglich, deutlichere Zeichen zu geben.

Doch was können solche Zeichen sein? Ich gebe zu, manchmal ist es schwer zu erkennen, ob es wirklich ein Zeichen aus der Geistigen Welt ist, aber manchmal sind sie auch so eindeutig, dass es keinen Zweifel mehr gibt.

Kümmern wir uns erst einmal um ein paar Zeichen, die zum Teil vielleicht wirklich Zufall sind. Aber auch hier ist klar: Wenn es dem Betroffenen hilft, ist es bestimmt das, was jeder Verstorbene sich wünscht, nämlich Heilung. Oft wird mir erzählt, dass zum Beispiel Kerzen eigenartige Bewegungen machen, extrem flackern oder aufblitzen, während man intensiv an einen Verstorbenen denkt oder über ihn spricht. Oder dass gerade bei sehr traurigen Gedanken oder wenn man um ein Zeichen bittet, ein Lied im Radio gespielt wird, das dem Verstorbenen viel bedeutet hat. Andere sehen in Geräuschen, im Flackern von Glühbirnen, im Ein- und Ausschalten von elektrischen Geräten oder in Tierbegegnungen beziehungsweise bei Gegenständen klare Hinweise. Das können tatsächlich alles Zeichen sein, manchmal funktioniert es vielleicht aber wirklich auch einfach nur nach dem Motto: zum richtigen Zeitpunkt am richtigen Ort.

Doch ein paar Zeichen sind so klar, dass man sie kaum übersehen kann. So erzählte mir mein bester Freund Pablo ein sehr schönes Erlebnis: Um seine berufliche Zukunft zu besprechen, lief er mit einer Kollegin durch den Wald und bat auch seinen verstorbenen Vater, ihm ein Zeichen zu schicken. Plötzlich stand ein Reh vor ihm, das sich bis auf fünf Meter näherte. Seltsamerweise zeigte es keine Anzeichen von Angst und begleitete ihn noch eine Zeit lang durch den Wald. Meinem Freund gab diese Begegnung Zuversicht und es hat sich auch alles zum Guten gewendet. Da ich ihn schon über 26 Jahre kenne und weiß, er würde so etwas nie erfinden, ist das für mich ein klares Zeichen.

Einige Menschen haben mir berichtet, dass bei ihnen in der Weihnachtszeit das Handy geklingelt hat und auf dem Display der Name des Verstorbenen stand, obschon dessen Nummer nicht mehr aktiv war. Wenn die Leute den Anruf entgegennahmen, brach die Leitung ab beziehungsweise einige hörten einfach nur Stille. Solchen Phänomenen schenke ich meinen Glauben, da ich sie in seltenen Fällen für möglich halte.

Was ich selbst schon erlebt habe, war zwar ein bisschen anders, aber auch sehr erstaunlich. Während eines Wochenendseminars zum Thema »besseren Kontakt zum eigenen Geistführer« machten wir eine Übung, bei der die Kursteilnehmer ein Zeichen von ihrem Geistführer bekommen sollten. Bei einer Teilnehmerin klappte es nicht, sie war richtig enttäuscht und ließ das alle anderen auch deutlich spüren. Ihren Frust lud sie auf mich und die anderen Kursteilnehmer ab. Es war eine unangenehme Situation, es war mir kaum möglich, sie zu beschwichtigen und sie sagte immer wieder: »Die Übungen sind doof, damit bekomme ich keine Verbindung!« Ich versuchte, sie beruhigen und ihr klarzumachen, dass auch Zeit und Übung nötig sind, damit es klappt. Darauf konnte sie sich aber nicht einlassen, sie war nach wie vor einfach frustriert und enttäuscht, weil sie keine Verbindung herstellen konnte. In dieser Stimmung war es nicht ideal, das Seminar weiterzuführen, sodass ich eine Pause einlegte. Ich bat meinen Geistführer, dafür zu sorgen, dass die Frau ein Zeichen empfangen kann. In dieser Pause schaltete sie ihr Handy ein und sie bekam eine SMS ohne Absender. Sie hatte eine Nachricht auf Englisch bekommen: »You are not connected, I am here!« Danach war auch sie überzeugt. Dass jemand ein so deutliches Zeichen erhält, ist allerdings wirklich selten.

Als mein Vater starb und ich selbst ab und an um ein Zeichen bat, kam es oft vor, dass der Heizkörper Klopfgeräusche von sich gab. Natürlich habe ich zuerst geschaut, ob man ihn entlüften muss oder etwas nicht stimmt, denn trotz meiner Berufung als Medium bin ich sehr kritisch. Doch dieses Phänomen tauchte an diversen Orten und Heizkörpern auf, und zwar immer nur dann, wenn ich an meinen Vater dachte. War ich kurz nach seinem Tod gedanklich bei ihm oder sprach mit einem Freund über meinen Vater, veränderte sich zudem an manchen Tagen plötzlich die Lautstärke meines CD-Spielers.

Von solchen Dingen und Phänomenen, die nach dem Tod eines geliebten Menschen auftreten, wird mir immer wieder berichtet und ich habe zudem selbst auch schon einiges miterlebt. Doch auch wenn dir dein Verstorbener bis heute noch kein Zeichen gab, kannst du dir sicher sein, dass er da ist. Vielleicht ist es ihm einfach nicht möglich, dir ein klares Zeichen zu schicken oder aber du hast die Zeichen bis jetzt übersehen.

Meditation »Zeichen eines Verstorbenen«

Ich möchte dir hier noch eine Übung anbieten, die du auch auf der Begleit-CD findest. Damit kann es dir gelingen, schon während oder kurze Zeit nach der Meditation Zeichen zu erhalten. Natürlich ist auch diese Übung keine Garantie, dass es klappt. Doch wenn du sie ein paar Mal machst, erhöhst du die Chance, ein Zeichen zu bekommen.

Als kleine Vorbereitung brauchst du diesmal eine Kerze und einen CD-Player. Falls du die Meditation nicht mit der beigelegten CD machst, lege eine CD mit wohltuender Musik ein, die du auf eine dir angenehme Lautstärke stellst. Vielleicht verändert sich während der Übung die Lautstärke oder die CD hört ganz auf zu spielen, deswegen ist es von Vorteil, die Meditation mit Musik zu machen. Falls du aber kein Abspielgerät zur Hand hast, kannst du natürlich auch ohne Musik üben. Zünde dir zudem eine Kerze an, möglicherweise kannst du während der Meditation zum Beispiel ein spezielles Flackern erkennen.

Setze dich nun hin, lausche deiner Musik und beobachte deinen Atem. Nimm wahr, wie du einatmest und ausatmest. Beobachte einige Momente nur deinen Atem, achte darauf, dass sich dein Körper entspannt, lass alle Vorstellungen und Erwartungen los. Atme einfach in Ruhe weiter und stelle dir vor, dass dein Körper von den Füßen her immer schwerer und schwerer wird. Je schwerer dein Körper wird, umso größer ist die Entspannung. Beim Ausatmen lässt du deinen Körper immer tiefer in einen entspannten Zustand sinken. Nimm dir dafür wirklich Zeit, je besser du Körper und Geist entspannen kannst, umso einfacher ist es, ein Zeichen zu erhalten.

Sobald du das Gefühl hast, dass du so weit bist, bitte in Gedanken die verstorbene Person, von der du dir ein Zeichen wünschst, zu dir. Sage zum Beispiel einfach: »Lieber Peter, komm bitte zu mir, komm ganz nah, sodass ich deine Energie spüren kann.« Achte während der nächsten Zeit darauf, wie sich die Energie um dich herum verändert. Vielleicht spürst du es nur ganz leicht, aber dieser Wandel wird sehr schnell eintreten. Versuche dann, die veränderte Energie einfach zu genießen, dich in der Energie der verstorbenen Person zu entspannen und dich ganz fallen zu lassen. Halte deine Gedanken möglichst ruhig, schweife nicht in Erinnerungen ab, achte nur auf die Energie und bleibe mit ihr verbunden. Möglicherweise kommt Trauer hoch, das ist ein Selbstheilungsprozess, es kann sein, dass Tränen der Freude fließen, es kann aber auch sein, dass plötzlich Bilder in dir auftauchen, die du längst vergessen hast, Erinnerungen, die du nicht hervorholst, sondern die dir der Verstorbene schickt. Wenn du richtig verbunden bist, wirst du vielleicht Trauer spüren, aber ansonsten nur liebevolle Gefühle erhalten. Falls du etwas Negatives wahrnimmst, sei dir bewusst, dass das nur deine eigenen Muster beziehungsweise Vorstellungen sind, denn die Verstorbenen kommen nur in liebevoller Absicht. Somit gib dich ganz der Energie hin. Ein Gefühl von Glück wird dich durchdringen. Lass dir Zeit.

Wenn du bis jetzt noch kein Zeichen bekommen hast, schicke – ohne jede konkrete Vorstellung – einen weiteren Gedanken zu deinem Verstorbenen in die Geistige Welt: »Bitte gib mir ein klares Zeichen, dass du wirklich da bist.« Es kann nun sein, dass sich die Lautstärke deines CD-Players verändert, dass du ein Klopfgeräusch oder etwas Ähnliches hörst, dass du eine Berührung spürst oder du ein anderes klares Zeichen erhältst. Möglicherweise geschieht aber auch gar nichts, weil zum Beispiel dein Erwartungsdruck zu groß ist. Bleib einfach einen Moment lang in der Entspannung und nimm wahr, was geschieht. Lass dir Zeit.

Dann kehre langsam zurück. Öffne in der Stille deine Augen und beobachte die Kerze noch einen Moment lang, vielleicht kannst du etwas Ungewöhnliches erkennen. Danke im Anschluss daran deinem Verstorbenen für seine Gegenwart.

Ich hoffe, dass du so mittlerweile ein klares Zeichen erhalten hast. Wenn es beim ersten Mal noch nicht geklappt hat, sei geduldig, manchmal muss man diese Übung auch öfter machen. Sei dir aber bewusst, dass es auch für die Verstorbenen einen enormen Aufwand darstellt, ein Zeichen zu schicken, und dass das manchmal einfach nicht möglich ist. Das hat nichts mit dir zu tun. Ich wünsche dir viel Erfolg.

Schicke mithilfe deines Geistführers lieben Menschen Licht

»Wer in Liebe gibt, wird in Liebe viele Dinge erhalten.«

Diese Übung kennst du vielleicht schon, vor allem, wenn du dich bereits mit geistigem Heilen beziehungsweise Fernheilen beschäftigt hast. Mit ihr kannst du die Geistige Welt, also deine Helfer, bitten, Heilenergie oder einfach lichtvolle Energie zu schicken. Ich erkläre die Übung anhand der lichtvollen Energie, möchtest du um Heilenergie bitten, musst du sie entsprechend abändern.

Als mir das erste Mal jemand von dieser Übung erzählte, musste ich ehrlich gesagt lachen und meinte nur: »Ich glaube, du hast selbst zu viel lichtvolle Strahlung abbekommen.« Damals war ich 18 Jahre alt und nahm zwar die Geistige Welt und Auren schon wahr, aber ich ignorierte das Ganze noch. Erst ein Jahr später begann ich mit der Ausbildung zum Medium. Jedenfalls glaubte ich nicht an die Wirksamkeit dieser Übung, als mir davon berichtet wurde.

Doch ein paar Monate später kam meine damalige Freundin jeden Abend ziemlich deprimiert von der Arbeit nach Hause. Sie war wie ausgewechselt, die ganze Freude an der noch neuen Arbeitsstelle war wie weggeblasen und ich fragte, was los sei. Sie erzählte mir, dass sie mit dem Chef und dem ganzen Team nicht klarkomme, da alle so destruktiv denken würden. Sie hätte nichts gegen diese Leute oder den Job an sich, aber so zu arbeiten mache ihr einfach keinen Spaß. Sie fragte mich um Rat, und mir fiel trotz all meiner Ungläubigkeit und Zweifel genau diese Übung ein. Im Gegensatz zu mir war sie dafür sehr offen, wie sie überhaupt spirituellen Themen gegenüber sehr aufgeschlossen war. Sie hat mich damals bezüglich meiner Fähigkeiten enorm unterstützt, mir war vieles zu dieser Zeit zu abgedreht und zu esoterisch. Sie machte dann die Übung jeden Tag, ohne mir davon zu erzählen. Ich merkte jedoch sehr schnell, dass sie schon nach einigen Tagen viel gelöster von der Arbeit zurückkam, und nach sechs Wochen ging sie wieder voller Elan dorthin. Als ich wissen wollte, warum auf einmal alles so gut laufe, meinte sie nur: »Ich habe jeden Tag meinem Geschäft, dem Chef, den Mitarbeitern und mir selbst Licht geschickt, genau so, wie du es gesagt hast. Jetzt hat sich die Atmosphäre total gewandelt, es ist richtig toll dort.«

Überrascht und neugierig begann auch ich mit der Übung zu experimentieren und ich war fasziniert, wie sich allein durch »Licht schicken« alles veränderte. Aus diesem Grund gab ich sie später mit sehr guten Resultaten oft an meine Klienten weiter. Nun möchte ich sie dir anbieten und ich hoffe, dass sie auch bei dir eine wunderbare Wirkung zeigt. Dabei spielt es keine Rolle, ob du eine Situation verbessern oder einfach so lichtvolle Energie weitergeben möchtest. Ich persönlich fände es sehr schön, wenn wir alle beginnen würden, sooft wie möglich das Licht weiterzugeben – einfach so, ohne bestimmten Grund, und wir nicht nur dann Übungen praktizieren, wenn es schon zu spät ist oder uns eine Situation nicht gefällt.

Doch zurück zur Übung. Nimm dir kurz Zeit und bitte dann deinen Geistführer oder die Engel, sich mit dir und deinem Licht zu verbinden. Für mich ist es immer hilfreich, mir vorzustellen, die Geistige Welt kommt langsam von hinten auf mich zu, ich spüre dann sehr schnell eine Energieveränderung. Für diese Übung brauchst du dich nicht unbedingt in einen meditativen Zustand zu versenken, versuche einfach, deinen Körper so gut es geht zu entspannen. Bitte dann deine Helfer aus der Geistigen Welt, dir lichtvolle Energie zu schicken, die durch dich hindurch- und aus deinem Herzen wieder hinausfließt. Stelle dir in Gedanken vor, dass sie all die Dinge umfasst, die dir wichtig sind und denen du lichtvolle Energie schicken möchtest. Achte darauf, dass du nur liebevolle Energie schickst, ohne Wünsche, wie eine bestimmte Situation ausgehen oder eine Situation sich auflösen soll. Hülle einfach den Menschen oder den Ort mit deinem und dem Licht der Geistigen Welt ein. Wünsche dir, dass die Situation zum Wohle aller Beteiligten geregelt wird. Bleibe ein paar Minuten in diesem Gedanken und bedanke dich dann bei der Geistigen Welt.

Wann immer du Lust dazu verspürst, Licht zu schicken, mache diese Übung. Sie ist wie ein positives Gebet. Solange du dich von allen Vorstellungen, wie eine Situation ausgehen soll, fernhältst, so lange kann die lichtvolle Energie ihre Wirkung zeigen. Persönliche Wünsche oder gar Manipulationsversuche würden nicht funktionieren. Doch da sich die lichtvolle Energie immer zum Wohle aller Beteiligten auswirkt, wird sich für dich auf jeden Fall eine konstruktive Lösung ergeben. Vielleicht nicht so, wie du es dir wünschst, doch auch dann wirst du nach einiger Zeit feststellen, dass es die idealste Lösung für alle Beteiligten war.

Natürlich kannst du dich auch einfach täglich in Licht hüllen, aber bitte nicht aus Angst vor etwas Schlechtem oder Negativem. Es sollte also keine sogenannte »Schutzübung« sein, die ihren Ursprung immer in der Angst haben. Wer sich aus Angst in Licht einhüllt, wird die Energie auf das Destruktive zentrieren, nicht aber auf das Lichtvolle. Deswegen sollten wir auch nie versuchen, eine Situation nach unserem Gutdünken zu verändern oder zu manipulieren. Das wäre nicht wertfrei, und wenn es mit einer besonderen Absicht geschieht, ist oft ein falscher Ursprung dabei, der genau das Gegenteil bewirkt. Dieser Mechanismus hat seine Ursache im Resonanzgesetz.

Im Verlauf des Buches wirst du immer tiefer in die Materie Einsicht bekommen und dabei auch verstehen, warum gewisse Methoden nicht funktionieren oder sich in der entgegengesetzten Richtung auswirken. Achte also immer auf deine Absicht, denn die ist entscheidend – sie wird das Resultat hervorbringen. Oft haben wir das Gefühl, eine Absicht sei gut und wünschenswert, doch der Ursprung oder der Subtext dieser Absicht sind Angst beziehungsweise der Wunsch nach Liebe oder Anerkennung, und das würde nur das Gegenteil bewirken. Wenn ich mir nicht sicher bin, ob mich im Unterbewusstsein nicht ein Mangel zu dieser oder jener Handlung führt, richte ich meinen Wunsch immer zum Wohle aller Beteiligten aus.

Die letzten Sätze sollen dir keine Angst machen, aber ich weiß, für viele werden sie genau der Schlüssel sein, warum sie oft bei allem das Gegenteil bekommen, ähnliche Übungen keine Wirkung zeigen oder gar die Situation noch verschlimmern. Die Absicht ist in diesem Fall mit dem Unterbewussten nicht im Einklang. Falls dir das noch nicht so klar ist, wird dir das nächste Kapitel helfen, es besser zu verstehen.

Positives Denken, aber richtig

»Dein Denken muss authentisch werden.«

Dass positives Denken wichtig ist und enorme Vorteile mit sich bringt, wissen inzwischen sicher die meisten. Doch mir fällt immer wieder auf, dass das positive Denken oft falsch verstanden oder – aus meiner persönlichen Sicht – falsch angewendet wird und dann genau das Gegenteil bewirkt. Das liegt daran, dass wir die Absicht nicht berücksichtigen und unbewusste und bewusste Glaubenssätze nicht beachten oder, anders gesagt, das Bewusstsein nicht einfach für dumm verkaufen können. Oft sind die Leute der Meinung, nur positiv denken zu müssen und damit wird schon alles gut; bei Menschen in der spirituellen Szene ist das besonders häufig zu beobachten, doch sie bewirken gar nichts damit. Viele der positiv Denkenden reden sich das Leben nur schön und leiden dadurch noch mehr an Stimmungstiefs oder gar Depressionen. Ich habe etliche Referenten und Seminarleiter hinter der Bühne kennengelernt und war oft erschrocken über den Unterschied dessen, was sie auf der Bühne erzählten und was sie hinter der Bühne lebten. Diese Eindrücke haben mich immer sehr inspiriert und mir wurde bewusst, man muss nicht nur positiv denken, sondern dieses Denken muss auch authentisch werden. Ich habe diverse Methoden ausprobiert und für mich deren unterschiedliche Schwächen und Stärken herausgefunden. Doch das Nonplusultra gibt es nicht. Mit den Übungen dieses Buches kannst du dein Leben wirklich enorm verändern. Trotzdem gibt es aus meiner Sicht nicht nur eine Methode, sondern viele verschiedene, für die es gilt, die jeweils für uns passenden auszuwählen.

Ich möchte dir dazu ein Beispiel aus meinem Leben erzählen. Es gab eine Zeit, in der wog ich zwölf Kilo mehr als heute und mein Bauch war dementsprechend größer. Wenn ich eine Frau gewesen wäre, wären es sicher Zwillinge geworden. Als eine Assistentin von mir immer mal wieder Sprüche über meinen Bauch losließ und mich fragte, warum ich ihn denn nicht durch positives Denken und Umdenken von der Kugel zum Sixpack »manifestiere«, wurde mir immer bewusster, dass ich etwas unternehmen muss. Mein Geistführer hatte zwar damals eine klare Antwort parat, wie ich meinen Bauch loswerde, aber die wollte ich, obwohl er zweifellos recht hatte, nicht hören. Er meinte nämlich ganz einfach: »Iss weniger!« Ich habe damals nicht wirklich auf meine Ernährung geachtet und mir die neue Energie oft mit Schokoladenriegel zugeführt. Doch eines Abends kam ich an den Punkt, an dem es auch für mich Zeit war, meinen Bauch anzugehen. »Du musst jetzt einfach positive Gedanken zu deinem

Bauch lenken und ihn wegmanifestieren«, redete ich mir ein und wandte damit eine Methode an, die ich aus vielen Büchern und Vorträgen kannte. Also stellte ich mich mit freiem Oberkörper vor den Spiegel, lächelte mich an und sagte: »Ich bin schön, ich fühle mich wohl in meinem Körper. Mein Bauch ist toll, er ist flach, ich liebe mich und meinen Bauch ...« Doch was schrie mein Bewusstsein, mein innerer Kritiker: »Pascal, hör auf mit diesem Unsinn! Du bist zu dick! Und anscheinend blind noch dazu!« Ich merkte ziemlich schnell, dass ich mit dieser Methode nicht weiterkam, da mein Bewusstsein ständig dazwischenfunkte, und mein Bewusstsein war nicht wirklich nett in der Rolle des inneren Kritikers. Der innere Kritiker gab mir immer wieder zu verstehen, dass die positiven Leitsätze viel zu weit von der Realität entfernt waren. Ich konnte ihn nicht überlisten. Mir war klar, ich müsste mir diese Sätze mindestens tausendmal am Tag sagen, damit sie von meinem Bewusstsein irgendwann akzeptiert würden, aber dafür fehlte mir die Zeit. Zudem liebe ich effektive, einfache Übungen ohne viel Aufwand. Doch wie kann man mit positiven Leitsätzen dennoch etwas erreichen?

Ich habe für mich nach Methoden gesucht, bei denen mein innerer Kritiker nicht aktiv ist. Dabei wurde mir schnell bewusst: Wenn ich schlafe, dann schläft mein innerer Kritiker auch. So habe ich angefangen, positive Leitsätze und Suggestionen, wie ich sie mir auch schon vor dem Spiegel versucht habe einzureden, auf CDs aufzunehmen. Diese habe ich mir dann jede Nacht angehört, meist nur ganz leise, denn das Unterbewusstsein nimmt die Botschaft der Suggestionen auch dann auf, wenn sie für das aktive Bewusstsein nicht wahrnehmbar sind. Da ich die CDs dank der Repeat-Funktion die ganze Nacht durchlaufen ließ, hörte ich stundenlang positive Suggestionen. Diese Methode praktiziere ich auch noch heute jede Nacht, immer mal wieder zu einem anderen Thema. Der Vorteil davon ist, dass mein innerer Kritiker nun die Botschaften nicht mehr kommentiert und sie damit direkt ins Unterbewusstsein gelangen können. Und da nichts mehr kommentiert wird, hält mein Unterbewusstsein die Suggestionen für wahr. Für mich ist diese Methode äußerst ideal, denn sie ist ohne großen Aufwand einzusetzen, und da wir sowieso regelmäßig mehrere Stunden schlafen, kann ich diese Zeit effektiv nutzen, um mir selbst etwas Gutes zu tun.

Ich habe später die CDs, die ich veröffentlicht habe, nach demselben Prinzip aufgenommen. Alle meine neueren CDs enthalten auch Nacht-Anwendungen, sodass die Übungen nicht mehr unbedingt aktiv gemacht werden müssen. Das ist für mich eine tolle Methode, positive Suggestionen anzuwenden.

Aber es war noch hilfreicher für mich, darauf zu achten, wo der Ursprung oder der Urgrund für meinen Veränderungswunsch liegt. Bei meinem dicken Bauch schienen die oberflächlichen Gründe zunächst offensichtlich: Anfangs fand ich es noch lustig, doch mit der Zeit fühlte ich mich unwohl, mir immer wieder diverse Kommentare über meinen Bauch anhören zu müssen. Je unwohler ich mich fühlte, desto größer wurde mein Mangelbewusstsein, und desto größer wurde wiederum mein Bauch. Ich bekam in der Zeit viele Mails, die mich auf meinem Bauch aufmerksam machten, und es ging plötzlich nicht mehr um meine Arbeit, sondern um meinen Bauch – er wurde das Zentrum oder besser gesagt die Kugel der Welt. Er war das Problem, das mir bewusst war, beziehungsweise bewusst an mich herangetragen wurde. Doch ich begann mich immer mehr zu fragen: Was stecken für unbewusste Glaubensätze hinter meinem Bauch? Was ist der wirkliche Grund, dass ich mich damit unwohl fühle? Mit diesen Gedanken wurde mir bewusst, dass noch viel mehr hinter diesem scheinbar einfachen Thema steckte. Zum Beispiel, dass ich mich so nicht annehmen konnte, mich von meinen Mitmenschen nicht geliebt fühlte; dass ich dem Ideal entsprechen wollte, weil ich mir dadurch auch Anerkennung wünschte und ich hoffte, es gehe dann wieder um meine Arbeit und um meine Botschaften und nicht, ob mein T-Shirt ideal oder nicht ideal ist für meine Figur. Damit wurde mir schnell klar, dass der Bauch nur das Symptom ist, aber die Ursache eine ganz andere. Wenn ich jetzt »nur« den Bauch wegtrainiere oder wegmanifestiere, ändert das rein gar nichts an der eigentlichen Ursache meines Mangels. Vermutlich wird der Bauch durch Training kleiner, aber dann muss er durch ein neues Symptom ersetzt werden.

Deshalb ist es wichtig, immer zu versuchen, den Ursprung eines Problems, das heißt die unbewussten Glaubenssätze, zu erkennen. Wenn wir an uns arbeiten, sollten wir eben nicht nur an der Oberfläche bleiben – den »Bauch« wegtrainieren –, sondern auch die eigentliche Sehnsucht ergründen, warum und aus welchen Gründen wir etwas ändern wollen.

Ein anderes Beispiel zu diesem Thema: Viele träumen davon, mehr Geld zu haben. Frage ich dann nach dem Grund, so hören sich die klaren Antworten aus dem Bewusstsein alle ähnlich an: »Damit ich die anfallenden Rechnungen begleichen kann, weniger arbeiten muss, mir mal etwas leisten kann, ... Geld macht unabhängig.« Das sind in etwa die Antworten aus dem Bewusstsein. Doch bei genauerem Nachfragen treten dann ganz andere, unbewusste Glaubensätze in den Vordergrund.

So ist es auch bei der Geschichte, die ich vor Kurzem mit einem guten Freund erlebt habe. Er ist schon seit längerem Single, hatte bis vor sechs Monaten immer mal wieder eine Beziehung zu einer Frau, dabei aber nie sein wahre Partnerin gefunden. Als ich ihn traf, klagte er, dass er unbedingt mehr verdienen müsse. Mittlerweile wolle keine Frau mit ihm weggehen. Ich fragte ihn, warum er das so sehe, und er meinte dann, es sei doch logisch, er könne sie nicht mal mit einem Auto abholen und teuer mit ihr Essen gehen. Verwundert sagte ich: »Warum brauchst du ein Auto und teures Essen, ich denke, du willst eine Frau kennenlernen?« »Das klappt ja nicht. Ohne Auto und Luxus zu bieten, nimmt dich keine Frau!« »Hmm, ich dachte immer, es geht um die Liebe, aber scheinbar nicht«, erwiderte ich. Damit traten seine unbewussten Glaubenssätze in den Vordergrund: »Liebe? Junge, wer einer Frau nichts bieten kann, ist nichts wert. Sie sind Prinzessinnen, du musst sie verwöhnen, du musst ihnen die Wünsche von den Augen ablesen können. Was will eine Frau mit einem Mann, der ihr nichts bieten kann? Schau, Pascal, wer kein Geld hat, ist in der Welt nichts wert. So ist es, das Leben ist hart und ungerecht!« Hier wird ziemlich klar, dass es oberflächlich zwar um Geld geht, aber die unbewussten Glaubensätze im Hintergrund viel stärker wirken.

Wenn wir uns zudem bewusst machen, dass unser Bewusstsein nur circa 10 Prozent unseres Ich ausmacht, unser Unterbewusstsein dagegen 90 Prozent, dann wird schnell klar, dass 10 Prozent gegen 90 Prozent im Unterbewusstsein ankämpfen. Dass hier der Kampf schon entschieden ist, dürfte wohl jedem klar sein. Deswegen bringt es auch nicht so viel, sich im Bewusstsein toll zu fühlen, wenn sich 90 Prozent im Unterbewussten nicht toll fühlen. Wir müssen also unser Unterbewusstsein mit positiven Dingen »füttern«.

Hier noch mal ein paar Möglichkeiten, wie wir das schaffen können – und ich weiß, ich wiederhole mich: Wenn wir mit Suggestionen arbeiten, ist es aus meiner Sicht wirklich sinnvoll, diese mittels Nachtanwendungen während des Schlafens einzubauen, weil eben das Bewusstsein die positiven Suggestionen nicht ständig kommentiert, bewertet oder dementiert. Wenn ich aber aktiv mit positiven Gedanken arbeite, stelle ich mir immer Warum- oder Weshalb-Fragen. Zum Beispiel: »Warum bin ich trotz Bauch liebenswert? Warum kann ich glücklich und zufrieden sein, so wie ich bin? Weshalb bin ich erfolgreich? Weshalb bin ich gesund? Warum ist es mir möglich, viel Geld zu verdienen? Warum bin ich überhaupt liebenswert? Warum finden mich die Menschen sympathisch?« Du merkst schon, allein beim Lesen dieser Art der Suggestionen ist dein Gehirn angeregt, nach positiven Aspekten zu suchen, es bleibt ihm nichts anderes übrig. Die Hauptenergie ist dabei nicht auf den Mangel gerichtet, wie bei den klassischen Suggestionen, sondern auf den positiven Aspekt. Und weil ich mir dabei nicht zwanghaft etwas einrede, sondern ich Argumente suche und auch finde, die mir gewisse Dinge bestätigen, muss ich in diesem Fall auch nicht so sehr den Ursprung beachten.

Ich bin überzeugt, das ist einer der einfachsten Wege, sich wieder bewusst zu machen, was alles in Ordnung ist in unserem Leben. Denn unser Denken, also ob es eher konstruktiv oder destruktiv ist, hängt aus meiner persönlichen Sicht vielfach von unseren Erfahrungen ab. Alles, was wir häufig erlebt haben und nach der Macht der Gewohnheit funktioniert, halten wir für richtig. Und das wird im Unterbewusstsein gespeichert. Sätze und Redewendungen zum Beispiel unserer Eltern, sind bei uns im

Bewusstsein und im Unterbewusstsein gespeichert. Und selbst wenn wir manchmal bewusst wissen, dass sie nicht richtig sind, haben wir sie oft genug wiederholt und gehört, damit sie unser Unterbewusstsein trotzdem glaubt. Das ist das Verheerende daran.

Manchmal höre ich Menschen sagen: »Mein Gott, bin ich dumm!« Eine solche Aussage kommt uns in der Regel unbedacht über die Lippen, wenn wir beispielsweise etwas vergessen haben oder etwas total Einfaches im Moment keinen Sinn ergibt. Wir meinen es gar nicht so wörtlich, aber unser Unterbewusstsein glaubt uns zu 100 Prozent, wenn wir sagen, wir seien dumm. Vor allem, wenn wir es oft genug wiederholen. Denn zweifellos hätten wir ja gerade eine Situation »intelligenter« lösen können. Und das Unterbewusstsein differenziert nicht zwischen »großen« und »kleinen« Dummheiten, zwischen richtig und falsch. Wir sollten uns also bewusst sein, mit welcher Grundeinstellung wir durchs Leben gehen.

Am einfachsten, aber auch am wirkungsvollsten ist es deshalb, lieber Leser, die Augen offen zu halten und die positiven Aspekte in deinem Leben zu betrachten. Es kann schon toll sein, dass du Schuhe trägst im Moment. Erfreue dich an den kleinen Dingen, füttere dein Unterbewusstsein mit vielen kleinen positiven Ereignissen und Lob über dich selbst, denn nochmals: Es bewertet nicht zwischen groß und klein, es ist ihm vollkommen gleichgültig, ob du positiv bist und dich freust, weil du 1 CHF oder weil du 1 000 000 CHF auf deinem Konto hast.

Wichtig sind allein deine Stimmung und Einstellung. Deshalb: Je mehr du dich über Dinge freust, umso mehr werden positive Erlebnisse abgespeichert und deine unbewusste Resonanz verschiebt sich mit jeder Minute mehr und mehr und wird zu einem Freund, der dir hilft, deine Wünsche und Ziele zu leben. Um herauszufinden, wie deine Gedankenstruktur ist, achte einfach mehr auf den inneren Kritiker in dir, denn er schöpft oft aus dem Unterbewussten. Es gibt Menschen, die finden in jeder Suppe ein Haar – sie schütteln einfach den Kopf so lange, bis eins hineinfällt.

Werde sensibel für deine inneren Dialoge: Wenn du zum Beispiel etwas Schönes liest, erzählt bekommst oder siehst, ist deine Gedankenstimme positiv? Freut sie sich für den anderen? Oder kommen Gedanken auf wie: »Wer's glaubt, wird selig?« Oder: »Das klappt doch eh nicht?« – »Schön für dich, warum habe ich nie Glück?« – »Ja, klar, man kann sich das Leben auch schönreden.« Was für Gedanken pflegst du? Ist dein innerer Dialog noch oft geprägt von Mangel, destruktiven, besserwisserischen, ablehnenden Gedanken oder von glücklichen und lebensbejahenden? Freust du dich wirklich für andere und deren schöne Erlebnisse oder ist es nur eine »Show«? Mit diesen Fragen hast du sehr schnell einen Maßstab, nach welchen Grundsätzen dein Unbewusstes funktioniert. Die kommentierende Gedankenstimme sagt viel über unser Denken aus, weil sie oft unbewusst aktiv ist.

Heilung von destruktiven Situationen

»Heilung ist nicht an Ort und Zeit gebunden, sie kann in jedem Moment geschehen.«

Das hier ist eine sehr einfache Übung, die jeder problemlos machen kann. Sie geht schnell und ist ohne großen Aufwand durchführbar. Nimm ein Blatt Papier und einen Stift und schreibe auf, welche Situation deiner Meinung nach mehr »Licht« oder Heilung bedarf. Wenn du zum Beispiel Probleme mit deinem Chef hast, könnten deine Zeilen ungefähr so aussehen: »Jeden Tag, wenn ich zur Arbeit komme, werde ich von meinem Chef ignoriert und er beachtet mich nicht. Wenn ich dann mal nachfrage, weil ich etwas nicht verstanden habe, reagiert er sehr schnell ungeduldig, blockt mich ab und stellt mich vor meinen Mitarbeitern als dumm hin. Mich belastet diese Situation sehr, da ich die Arbeit dort im Grunde gern mache. Aber das Verhältnis mit meinem Chef ist schwierig, und seit er mich mobbt, ist auch die Zusammenarbeit mit den Kollegen kaum zu ertragen.«

Wie du siehst, sind nur wenige Zeilen nötig, um deine Situation aufzuschreiben. Dann faltest du den Zettel, nimmst ihn zwischen deine Hände und bittest deinen Geistführer oder die Engel, sich mit dir zu verbinden.

Stelle dir vor, wie sie sich langsam von hinten nähern und dir die Hände auf die Schultern legen. Fühle ihre Energie und bitte sie in Gedanken, heilende Energie für die belastende Situation durch dich hindurchfließen zu lassen. Stelle dir weiter vor, du bist ein Kanal für die heilende Energie, und wünsche dir, dass sich die Situation für alle Beteiligten zum Positiven wendet. Es ist wichtig, auch hier wieder ohne Absicht zu bitten. Du wirst sehen, dass sich in den nächsten Tagen einiges verändern wird. Möglicherweise sieht es so aus, als würde die Situation kurzfristig eskalieren, erschrecke nicht darüber. Was auch geschieht, nach einer gewissen Zeit wirst du feststellen, dass sich die Lage so verändert hat, dass es für alle Beteiligten am besten ist.

Eine Dame hat diese Übung bei mir im Seminar gemacht, es war eine ähnliche Situation, wie oben beschrieben. Drei Tage nach dem Seminar rief sie im Büro an, total aufgelöst, und erzählte, sie hätte eine Kündigung bekommen und stehe jetzt allein da, ohne Job und mit zwei Kindern. Das Büro benachrichtigte mich sofort und ich gebe zu, im ersten Moment war ich genauso erschrocken. Dennoch wusste ich, dass die Geistige Welt Veränderungen immer so herbeiführt, dass am Ende etwas Positives herauskommt. Diese Botschaft versuchte ich der Dame zu vermitteln, aber sie war traurig und auch wütend. Meine Übung und ich dienten ihr für den Moment als Sündenbock, was ich ehrlich gesagt gut nachvollziehen konnte. Zwei Wochen später rief sie mich wieder an und entschuldigte sich. Sie hätte nach dem Schock angefangen, sich eine andere Arbeitsstelle zu suchen. Nun hätte sie einen neuen Job, bei dem alles ideal sei: näher am Wohnort, netter Chef, passendes Team und für dieselbe Arbeit bekomme sie fast 800 CHF mehr im Monat und noch eine Woche mehr Ferien. Dieses Beispiel verdeutlicht, dass es zuerst richtig schlimm aussehen kann, am Ende aber doch Heilung stattfindet. Meistens wirkt es sich aber nicht so drastisch aus, sondern die Situation klärt sich durch ein Gespräch oder Ähnliches.

Aber zurück zur Übung: Wenn du sie beendet hast, kannst du den Zettel verbrennen, vergraben oder auch wegwerfen, wie es für dich eben richtig ist. Man kann die Übung für viele Dinge leicht abändern und für diverse Heilungen benutzen. Es ist zum Beispiel auch möglich, einer Person, einem Tier oder einem Ort Fernheilung zu schicken – nimm einfach ein Foto statt dem Zettel und lasse die Energie des Geistführers oder der Engel durch dich hindurchfließen.

Die Spiegel-Übung

»Achte darauf, wie du über dich denkst,
und du weißt, wie dich
dein Umfeld sieht!«

Eine sehr spannende Übung, die ich dir empfehlen kann, ist die Spiegel-Übung – vor allem, wenn du dir nicht sicher bist, wie du dich wirklich siehst. Ich habe diese Übung vor etwa zehn Jahren von meinem Lehrer gelernt. Als er sie mir aufgab, musste ich lachen und konnte sie zunächst gar nicht ernst nehmen. Ich war zu der Zeit 24 Jahre alt und fühlte mich noch jung und frisch – bis zu diesem Tag, denn danach sah ich mich vollkommen anders, weil mir diese sehr einfache Übung gezeigt hat, wie ich wirklich dachte.

Mein Lehrer erklärte mir die Übung so: »Geh nach Hause und suche dir einen Ganzkörperspiegel; achte darauf, dass du allein bist und nicht gestört wirst. Anschließend ziehst du dich nackt aus, stellst dich vor den Spiegel und lächelst dich an. Und dann beobachtest du deine Gedanken, die über dich selbst auftauchen.« »Naja, und wofür soll das gut sein? Ich sehe da echt keinen Sinn!«, widersetzte ich mich seiner Anweisung. »Mache es einfach!«, war seine Antwort.

Ich war und bin ein kritischer Mensch, aber ich habe während meiner Ausbildung gelernt: Bevor ich etwas nicht ausprobiert habe, kann ich nicht beurteilen, ob eine Übung sinnvoll ist oder nicht. Lieber Leser, auch dich fordere ich auf, alle Übungen im Buch zu machen und erst dann dein Fazit zu ziehen. Bei den meisten Menschen findet nämlich nicht deshalb keine Veränderung statt, weil sie das Wissen nicht hätten, sondern weil sie nur darüber lesen oder ein Seminar besuchen, aber dieses Wissen nicht anwenden.

Ich zog mich also aus und dachte noch so: »Ach komm, du bist 24, da kann es nicht so schlimm sein.« Ehrlich gesagt ging ich voll Optimismus an die Übung, weil ich damals noch viel Sport gemacht habe und immer der Meinung war, ich sei ganz zufrieden mit mir und meinem Körper. So huschte ich denn nackt vor den Spiegel. Am Anfang musste ich lachen, zog ein paar Grimassen, und dann sagte meine innere Stimme: »Mein Gott, ist das eine dämliche Übung!« Ich streckte mir die Zunge raus und mein Geistführer fragte: »Warum musst du Fratzen schneiden, kannst du dich nicht ernsthaft anschauen? Erträgst du es nicht?!«

»Was? Natürlich, war doch nur Spaß!« Meinte ich. Aber ich fühlte, dass er recht hatte. Es fiel mir schwer, ernst zu bleiben, weil ich mich so nackt vor mir selbst irgendwie schämte. Doch ich versuchte, mich zusammenzureißen und die Übung so gut wie möglich umzusetzen. Die ersten ein bis zwei Minuten gelang mir das tatsächlich, aber auf einmal hörte ich meine Gedankenstimme: »Hmm, das eine oder andere Pölsterchen kommt auch langsam. Was ist das? Ein Muttermal? Sieht komisch aus. Ein paar Falten sind auch zu sehen ...« Und so weiter und so fort. Ich fand Stellen, die mir gefielen, aber meine Gedankenstimme nannte viele Punkte, die sie eigenartig fand, die größer oder kleiner hätten sein können. Ich war überrascht, doch dann kamen mir die Worte meines Lehrers in den Sinn: »Das, was du über dich denkst, diese Energieinformation, gibst du jedem Menschen unbewusst weiter und er wird diese Information auf einer unbewussten Ebene wahrnehmen können.« Nun sind zehn Jahre vergangen, und hätte ich nicht viel an mir gearbeitet, würde meine Gedankenstimme sicher noch viel mehr Punkte finden, die nicht ideal sind. Und trotzdem höre ich sie bei dieser Übung heute noch, wie sie mich auf Dinge hinweist, die verbessert werden können.

Diese Übung ist wirklich sehr einfach, und doch zeigt sie schnell viele unbewusste Gedanken, die rasch ins Bewusstsein kommen können. Du solltest dich wirklich darauf einlassen – sie wird ein wichtiger Schritt sein, um zu erkennen, wo du noch an deiner Selbstliebe arbeiten darfst und welche Stellen deines Körpers besonders viel Liebe brauchen. Ich empfehle dir, diese Übung ab und an zu wiederholen. Beim ersten Mal befolgst du einfach nur das, was ich bis jetzt erklärt habe. Bei jedem weiteren Mal wiederholst du die ersten fünf bis zehn Minuten wie beschrieben. Dann suchst und findest du noch mal etwa zehn Minuten lang bewusst die Stellen, die dir besonders gut an dir gefallen. Es sollten mindestens so viele sein wie die, die du noch nicht annehmen kannst, ideal wäre die doppelte Anzahl liebenswerter Stellen. Möglicherweise dauert es etwas, bis du eine solche Stelle finden kannst. Das muss nichts Besonderes sein – ein Muttermal, dein Knie oder etwas sonst auf den ersten Blick völlig Unspektakuläres –, es muss nur authentisch sein. Rede dir vor dem Spiegel nichts ein und mache dir nichts vor, sonst funktioniert es nicht. Ich wünsche dir viel Spaß mit dir selbst vor dem Spiegel.

Inspirierte Texte für dich selbst

»Lass dich vom Leben inspirieren.«

Diese Meditation habe ich während meiner Ausbildung kennengelernt. Es braucht ein bisschen Zeit und Übung, bis man sie wirklich beherrscht, doch ich mag sie sehr. Ich persönlich mache sie immer mit meinem Geistführer, du kannst dich aber auch gern mit einem Engel verbinden. Wie immer: Fühle dich frei, das zu tun, was für dich richtig ist. Du wirst feststellen, dass diese Übung bereits beim ersten Mal sehr gute Resultate erzielt. Ich führe sie oft in meinen Seminaren mit den Kursteilnehmern durch und viele sind überrascht, wie schnell es funktioniert. Doch je mehr du dich darin übst, umso spannender wird das Ergebnis sein.

Diese Übung kann später zum automatischen Schreiben führen. Aber worin besteht der Unterschied zwischen inspiriertem und automatischem Schreiben? Bevor es überhaupt zum automatischen Schreiben kommt, ist die Vorstufe immer inspiriertes Schreiben. Beim automatischen Schreiben ist es so, dass der Geistführer, Engel oder, wenn man wünscht, Verstorbene die Hand des Mediums benutzt, um eigene Texte zu schreiben. Das Medium befindet sich dabei meistens in einem Trance-Zustand und bekommt nicht mit, was durch seine Hand geschrieben wird, da es keine Gedanken wahrnimmt. Bis man so weit ist, braucht man allerdings enorm viel Übung.

Inspiriertes Schreiben geht schneller, ist aber genauso wertvoll. Wie der Name schon sagt, ist man dabei inspiriert von der Geistigen Welt. Man bekommt Impulse und Hinweise, aber ein Teil entspringt auch dem Bewusstsein und ein anderer Teil dem Unterbewusstsein; dennoch kann das Endprodukt eine wertvolle Hilfe oder ein wunderbarer Text sein. Beim inspirierten Schreiben führt der Übende, anders als beim automatischen Schreiben, seine Hand selbst. Ich habe die Übung des inspirierten Schreibens über zwei Jahre lang jeden Abend gemacht und dabei mindestens jeweils eine A4-Seite geschrieben. Am Anfang wusste ich immer genau, welches Wort ich gerade geschrieben habe, mit der Zeit allerdings habe ich immer weniger von dem mitbekommen, was ich gerade zu Papier bringe. Als ich die Texte später durchgelesen habe, war ich manchmal sehr überrascht, dass ich viele Sätze während des Schreibens gar nicht realisiert hatte. Außerdem wurde ich auch immer schneller, sodass ich für eine A4-Seite nur noch knapp eine bis drei Minuten brauchte. Die Worte und Zeilen flossen einfach so durch mich hindurch, ohne dass ich noch nachdenken musste, und ich erhielt immer mehr Botschaften auf Fragen, die mich in meinem Leben gerade beschäftigten. Ich nutze heute noch das inspirierte Schreiben für meine Bücher und lasse mich dabei, soweit es geht, von der Geistigen Welt inspirieren. Nur mache ich das heute am PC und nicht mehr, wie zu Beginn der Übung, mit Kugelschreiber und Schreibblock. Ich empfehle dir diese Übung jedoch zunächst ohne PC, später kannst du dann wechseln, doch es macht nur Sinn, wenn du das Zehnfingersystem beherrschst. Beginne aber mit der Übung erst dann, wenn du dir auch ein paar Tage Zeit gibst, um deine neuen Fähigkeiten zu entdecken.

Nimm also einen Schreibblock und einen Kugelschreiber, setze dich auf einen Stuhl vor einem Schreibtisch, vor dir liegt dein Block, und den Kugelschreiber hältst du leicht in der Hand. Schließe deine Augen und entspanne deinen Körper. Beobachte einfach einen Moment lang deinen Atem. Fühle den Atem, wie er leicht und frei in deinen Körper einströmt. Lass dir für die Entspannungsphase wirklich Zeit.

Erst wenn du möglichst frei von Gedanken bist, bittest du deinen Geistführer oder die Engel, von hinten langsam näher zu kommen. Spüre die Veränderung. Wenn du die Veränderung gespürt hast, stelle dir vor, dass beim Einatmen die Verbindung zwischen dir und deinem Geistführer immer intensiver wird und beim Ausatmen du dich mehr und mehr entspannst. Vor allem am Anfang kannst du dir für diesen Prozess gut fünf bis zehn Minuten Zeit lassen.

Danach komme nur so weit zurück, dass du gerade die Augen öffnen kannst. Jetzt beginne alles, was dir durch den Kopf geht, aufzuschreiben. Wichtig ist, dass du einfach immer schreibst, schreibst und schreibst – nicht innehalten und nicht darüber nachdenken, einfach nur schreiben. Selbst wenn dir am Anfang vielleicht nur in den Sinn kommt: »Ich nehme nichts wahr, was soll ich denn schreiben, komische Übung, es kommt nichts ...«, dann schreibe einfach diese Sätze auf, nur schreiben, ohne darüber nachzudenken. Mindestens eine A4-Seite.

Erst wenn dir wirklich nichts mehr einfällt, nimmst du dir Zeit, das Geschriebene zu lesen und zu analysieren. Vielleicht kommt beim ersten Mal bereits etwas sehr Spannendes heraus, vielleicht musst du die Übung auch ein paarmal machen, lass dir wirklich Zeit. Je öfter du übst, desto klarer werden die Botschaften, und du wirst feststellen, dass du während des Schreibens die Informationen immer weniger bewusst wahrnimmst. Am Ende wirst du sehr überrascht sein, was alles auf deinem Schreibblock steht.

Kritisieren und jammern ja, aber dann richtig

*»Erwarte möglichst wenig,
denn Erwartungen sind oft Muster
aus deiner Vergangenheit!«*

Gestern war meine Grafikerin Susann bei mir und wir besprachen meine neue Homepage. Da Susann großes Interesse an spirituellen Themen hat und vieles aus einem anderen Blickwinkel betrachtet, sind die Gespräche für mich immer eine positive Herausforderung. Wir haben sogar ein Spiel entwickelt, das wir Spiegeltechnik nennen und mit dem wir versuchen, uns gegenseitig Inputs und Tipps zu geben und die Arbeit des anderen aus neutraler Sicht zu beobachten. Allein durch die Gespräche und Susanns Fragen werden mir viele Themen bewusst und die Arbeit mit ihr ist für mich immer eine Bereicherung. Gestern wollte sie unter anderem wissen, warum ich denke, dass gerade ich als Medium so erfolgreich wurde, da es ja viele gute Medien gibt, die aber lange nicht alle denselben Erfolg haben. Für mich war das eine spannende Frage, die ich mir noch nie gestellt habe, aber es stimmt: Es gibt so viele tolle Medien und Therapeuten, die es auch verdient hätten, bekannter zu sein. Susann meinte: »Allein am positiven Denken oder Handeln kann es nicht liegen. Du findest schließlich auch ab und an sehr klare Worte bezüglich Situationen oder Menschen, die nicht nur von Licht und Liebe geprägt sind.« Ich musste schmunzeln und gebe ihr recht: Ich sage, was ich denke, und manchmal sagt es schneller, als es denkt. Dass ich mir damit nicht nur Freunde mache und gerade in der Esoterikszene nicht bei allen auf Gegenliebe stoße, ist mir bewusst. Aber trotzdem ich damit nicht immer die Erwartungen erfülle, finde ich es wichtig, meinen Standpunkt oder meine Meinung klar zum Ausdruck zu bringen.

Erwartungen – das ist auch so ein Thema, das wir angesprochen haben. Ich betone immer, ich erwarte möglichst nichts und ich möchte auch keine Erwartungen erfüllen. Denn Erwartungen sind immer sehr persönlich geprägt, sie kommen oft aus unserer Vergangenheit und haben ihren Ursprung in alten Mustern und Blockaden, in der Erziehung oder in Dingen, die schon immer so gemacht wurden, weil es der gesellschaftlichen Konvention entspricht. Doch jeder Mensch ist anders und jeder hat andere Erwartungen an mich.

Wenn ich mit jemandem einen Konflikt habe, höre ich manchmal: »Das wären schon meine Erwartungen gewesen, denn das ist doch normal, das machen alle so, das kann man doch von einem Medium, Mann, Lehrer, Sohn, Freund … erwarten.« Nur – verschwiegene Erwartungen kann ich nicht kennen. Erwartungen werden oft nicht ausgesprochen oder man hört erst im Nachhinein, was der andere von einem erwartet hätte. Deshalb ist es mir wichtig, immer wieder deutlich zu machen: Erwarten kannst du nichts von mir, aber du darfst Dinge klar von mir fordern und verlangen. Wenn du mir erklärst, was du willst, dann kann ich eindeutig entscheiden, ob ich deiner Forderung nachgebe oder nicht. Erwartungen an mich, die nicht klar definiert sind, führen früher oder später zu einer Ent-Täuschung, was ja auch okay ist, denn es zeigt, dass jemand in einer Täuschung gelebt hat. Ich persönlich verlange viel und bin da sehr klar, ich äußere meistens ganz offen und unverblümt, was ich möchte.

Susann und ich haben bei unserem Gespräch auch festgestellt, dass das Wort »verlangen« einen etwas negativen Touch hat, aber ich kenne keinen besseren Ausdruck im Moment. Wer allerdings klare Dinge verlangt, muss auch mit einem klaren Nein rechnen – und dieses selbstverständlich akzeptieren, ohne dabei traurig oder enttäuscht zu reagieren. Jeder sollte die Freiheit haben, sein Leben zu leben und seine Erfahrungen zu machen, und dazu gehört auch, ein klares Nein auszusprechen, und genau zu spüren, was man will und was man nicht will. Ich denke, das ist ebenfalls der Schlüssel zu diesem Thema: Viele sind nicht in der Lage, ihre eigenen Bedürfnisse zu spüren und klar zu artikulieren; sie erwarten quasi »ins Blaue hinein« und das kann nicht gut gehen. Deshalb: Verlange viel, aber erwarte wenig.

Das jedoch nur so nebenbei, denn Susann und ich stießen noch auf ein anderes Thema, nämlich auf Jammern und negative Emotionen. Sie fragte, wie ich damit umgehe und ob ich immer nur positiv bin. Das ist natürlich nicht so. Ich lebe negative Emotionen genauso, ich verdränge sie nicht und ich rede mir nicht ein, es würde mir gut gehen, wenn ich mich gerade schlecht fühle. Das ist destruktiv und führt auf Dauer bestimmt nicht zu einem glücklichen und zufriedenen Leben. Wenn mir etwas widerstrebt oder mich nervt, bin ich hier sehr klar – allerdings nicht unbedingt immer auf angepasste oder angemessene Art und Weise. Aber ich lebe diese Emotion bewusst. Ich nehme mir kurz Zeit, setze mich und fluche wie ein Rohrspatz vor mich hin. Ich weiß, das ist nicht spirituell, aber ich lasse diese Gefühle zu, auch wenn ich dabei manchmal etwas überreagiere. Meistens kann ich aber nach zwei bis drei Minuten selbst wieder über mich lachen. Ich versuche stets, meine Emotionen nicht mitzutragen, sondern authentisch zu sein und so zu handeln, wie ich es in dem jeweiligen Moment empfinde. Und dadurch, dass ich meinen Frust zeitnah auslebe, ist das Thema für mich danach abgeschlossen. Viele jedoch »fressen« ihre Emotionen in sich hinein und wärmen sie durch permanentes Erzählen und darüber Sprechen immer wieder auf. So können sie Stunden, Tage, Wochen, Monate oder gar Jahre um das immer gleiche und frustrierende Thema kreisen. Es ist weitaus destruktiver, negative Emotionen über längere Zeit in sich zu tragen, als einfach mal wütend zu sein und sie vielleicht bei einer kurzen »Explosion« wieder loszuwerden. Emotionen können ja genauso Spaß machen und befreien. Ich frage mich bei unangenehmen Situationen aber auch immer, ob es sich »lohnt«, mich jetzt darüber aufzuregen. Durch dieses bewusste Leben bin ich extrem hitzig, aber dafür oft nach kurzer Zeit wieder völlig entspannt, und dann ist für mich die Sache vergessen und erledigt.

Besonders schlimm finde ich, wenn Menschen nachtragend sind, und man immer wieder hören muss: »Vor zehn Jahren, Wochen, Tagen, da hast du schon dieses oder jenes gemacht!« Solche Reaktionen zeigen deutlich, dass derjenige zwar gesagt hat, eine bestimmte Sache sei okay oder vergessen, aber das Unbewusste sagt etwas ganz anderes, nämlich dass da noch etwa schlummert, das angesehen werden möchte. Gerade in Bezug auf Auseinandersetzungen bleiben wir oft auf einem kindlichen Niveau stehen und entwickeln uns nicht zu Erwachsenen. Beiden Seiten geht es nur darum, recht zu haben, keiner will den Standpunkt des anderen verstehen. Ich sage immer, die meisten werden zwar alt, aber nicht erwachsen. Negatives soll man sich nicht schönreden, aber man sollte es bewusst leben.

Lästern ist zum Beispiel auch etwas, das »verpönt« ist, aber manchmal muss es einfach sein. Ich gebe es offen und ehrlich zu, ich lästere ab und zu gern, denn ich bin kein Engel, ich bin ein Mensch! Allerdings versuche ich, »bewusst« zu lästern und frage mich dabei immer, warum ich jemanden schlecht machen muss. Welcher Mangel in mir selbst verleitet mich dazu, so zu handeln? Wie kann ich das wieder auflösen? Was zeigt mir die betreffende Person durch meine eigene Reaktion gerade? Indem ich auf diese Weise meine eigene Verhaltensweise infrage stelle, fühle ich mich oft plötzlich dankbar und bin froh bin über die Anwesenheit dieser Person. Doch es gibt auch Tage, da bin ich einfach eine Lästertante … Ent-täuscht?

Wir sollten uns aber noch etwas anderes bewusst machen, weswegen es sich lohnt, negative Aussagen und Gedanken über andere immer weniger werden zu lassen, oder diese Stimmung eben mal bewusst zu leben, um sie dann genauso bewusst loszulassen. Wenn ich zum Beispiel denke: »XY ist echt ein dummer Mensch!«, so kann mein Unterbewusstsein nicht unterscheiden, ob ich Aussagen über XY treffe oder über mich selbst. Alles, was ich über andere sage oder denke, ist für mein Unterbewusstsein eine Aussage über mich selbst. So ist es für mein Unterbewusstsein nicht mehr: »XY ist ein dummer Mensch«, sondern: »Ich bin ein dummer Mensch!« Das ist nur gerecht so, denn denke ich positiv und gewinnend über andere, ist das für mein Unterbewusstsein jedes Mal ein Lob an mich selbst, umgekehrt aber auch. Ich finde diesen Mechanismus genial – so liegt es an uns, was wir wollen oder nicht wollen.

Mache dir aber auch bewusst: Ich spreche hier nicht davon, ständig negative oder destruktive Emotionen zu leben, sondern, wenn es wirklich nicht anders geht, dann ist es besser, sie auszuleben, zu vergessen und positiv weiterzugehen. Denn wer ständig destruktiv denkt, handelt und redet, wird über kurze Zeit sehr einsam sein. Du, lieber Leser, verbringst ja auch nicht gern Zeit mit einem

Jammerlappen – also achte darauf, dass du selbst keiner bist oder wirst.

Während ich an diesem Kapitel gearbeitet habe, kam mir immer wieder eine Kolumne in den Sinn, die ich mal zum Thema Loslassen geschrieben habe. Ich folge diesem Input und füge sie einfach hier noch an:

Loslassen

»Wir leben nach dem Gesetz der Resonanzen: Durch das bewusste Denken an ein Problem, das wir loslasssen möchten, manifestieren wir oft das Gegenteil von dem, was wir wollten, nämlich das ›Nicht-Loslassen‹.«

Es gibt ja immer wieder neue Formeln, die scheinbar zu Glück und Wohlstand verhelfen. Eine, die ziemlich im Trend ist und vor allem in der spirituellen Szene oft gebraucht wird, heißt »Loslassen«. Oft hört man von Therapeuten: »Du musst loslassen!« Das stimmt ja im Grunde schon, doch wenn man dann fragt, wie das konkret gehen soll, dann kommt meistens nichts Schlaues dabei heraus. Kein Wunder, denn man kann nicht einfach sagen: »Ich lasse etwas los.« Das funktioniert leider überhaupt nicht.

Vor allem dürfen wir nie vergessen: Wir leben nach dem Gesetz der Resonanzen. Wenn wir jetzt etwas um alles in der Welt loslassen oder loswerden möchten (zum Beispiel die Vergangenheit, einen Expartner, eine bestimmte Erinnerung), richten wir automatisch den Fokus auf die Situation oder den Menschen, von der oder dem wir uns nicht mehr länger blockieren lassen wollen. Damit lenken wir die Energie bewusst oder unbewusst auf das, was uns in der Vergangenheit Probleme bereitet hat, und wir verunmöglichen das Loslassen. Wir manifestieren damit sogar genau das Gegenteil von dem, was wir wollten, nämlich das »Nicht-Loslassen«.

Die Resonanz lässt grüßen

Oder noch spannender (und schlimmer) ... man baut eine so starke Loslass-Energie auf, dass man plötzlich immer mehr Dinge anzieht, bei denen man lernen muss, loszulassen. Je mehr ich loslassen möchte, desto mehr Situationen ziehe ich in mein Leben, in denen ich genau das lernen darf, beziehungsweise muss. Mir kommt da immer eine schöne Geschichte in den Sinn, ich erzähle sie hier in meinen Worten, im Original lautet sie ein wenig anders.

Der Meister und sein Schüler

Ein Weiser ist mit seinem Schüler auf Wanderschaft gewesen. Da beide Mönche waren, war es ihnen auf das Strengste untersagt, in Kontakt mit Frauen zu kommen. Sie durften mit ihnen weder sprechen, noch sie berühren. Während ihrer Wanderschaft kamen sie an einen Fluss, an dessen Ufer eine nackte Frau stand (warum die Frau nackt ist, bleibt mir bis heute ein Rätsel). Da die Strömung des Flusses sehr stark war, hatte die Frau Angst, ihn zu überqueren. Der Schüler ging voran und die Frau bat ihn um Hilfe. Doch der Schüler ignorierte ihre Bitte und durchquerte den Fluss, ohne sie eines Blickes zu würdigen. Der Meister hingegen nahm die nackte Frau auf den Arm, trug sie über den Fluss, setzte sie am anderen Ufer wieder ab und wünschte ihr einen schönen Tag.

Der Schüler war außer sich vor Wut und las seinem Meister die Leviten: »Du hast mit der Frau geredet und hast sogar ihren nackten Körper berührt und sie getragen. Wie kannst du nur mein Meister sein! Du bist voller Sünde!« Der Meister meinte nur: »Ich habe das getan, was das Leben von mir verlangt hat.« Der Schüler verstand ihn nicht und schimpfte weitere zwei Stunden auf den Meister ein. Doch der gab keine Antwort mehr.

Mit der Zeit wurde der Schüler immer wütender und bat seinen Meister um eine Stellungnahme. Der Meister schaute ihn an und meinte: »Ich habe getan, was das Leben von mir verlangt hat. Ich nahm die Frau, trug sie über den Fluss, setzte sie auf der anderen Uferseite ab und verabschiedete mich. Dann habe ich sie dort gelassen. Du aber – du trägst sie seit zwei Stunden ununterbrochen mit dir herum.«

Loslassen und leiden passen nicht zusammen

Ich persönlich finde die Geschichte sehr treffend. Loslassen heißt vor allem, Dinge annehmen zu können. Und sich nicht ständig auf das zu konzentrieren, was man nicht mehr möchte. Oft wissen wir selbst nicht, warum wir nicht loslassen können. Wir haften an alten Mustern, Vorstellungen, Dogmen, Anweisungen und so weiter. Prüfen wir doch einfach, ob diese Sicht der Dinge überhaupt noch einen Sinn ergibt oder ob sie uns nur weiter leiden lässt. Konzentriere dich nie auf den Mangel, sondern auf das, was gut ist oder war an der Situation. Wenn du beispielsweise einen Expartner nicht loslassen kannst, konzentriere dich auf das Gute dieser Beziehung. Auf das, was du lernen konntest und auf die Erfahrungen (ja, manche Erfahrungen fühlen sich wie Fehler an), die dich in deinem Leben weiterbringen.

Frieden schließen mit der Vergangenheit

Was hast du dann gemacht? Du hast die Situation angenommen und dich um Frieden bemüht. Du kämpfst nicht mehr gegen die Vergangenheit (die du eh nicht mehr verändern kannst), sondern nimmst die positiven Aspekte an und schließt Frieden damit. Das Interessanteste am Loslassen ist nämlich, dass es gar nicht möglich ist, Vergangenes loszulassen. Nur indem du es annimmst und diesen Frieden schließt, wirst du frei davon, weil die Vergangenheit dann DICH loslassen wird!

Es gibt ein schönes Zitat von Buddha zu diesem Thema: »In the end, only three things matter: how much you loved, how gently you lived, and how gracefully you let go off things not meant for you.«

»Am Ende zählen nur drei Dinge: Wie viel du geliebt hast, wie sanft du gelebt hast und wie dankbar du Dinge loslässt, die nicht für dich bestimmt sind.«

Was-willst-du-wirklich-Übung

»Dein Lebenssinn ist es,
nach dem eigenen Lebenssinn
zu suchen!«

Ich glaube, es können nur deshalb so wenige Menschen ihr inneres Licht entfachen und ihre Bestimmung finden, weil die meisten gar nicht wirklich wissen, was sie wollen, wofür sie brennen und was sie erfüllt. Die meisten irren durchs Leben und lassen sich gleiten, ohne bewusst das Ruder zu übernehmen und sich aktiv durch ihr Leben zu steuern. Oft hört man dann: »Es kommt schon das, was gut für mich ist.« Oder Sätze wie: »Das, was ich möchte, ist nicht möglich«, und so weiter. Wenn ich dann frage, was sie denn überhaupt wollen, sind sie kaum in der Lage zu antworten, beziehungsweise es kommen nur so vage Aussagen wie »meinen Lebenssinn finden«. Das wollen so viele, und gerade bei Vorträgen werde ich oft gefragt: »Pascal, kannst du mir sagen, was der Sinn meines Lebens ist?« Ich antworte dann immer: »Klar kann ich das, wer möchte es noch wissen? Ich bitte alle, die es wissen wollen, aufzustehen, aber bitte nur die, die es wirklich wissen wollen.« Nicht selten erheben sich dann Hunderte Menschen von ihren Plätzen und warten gespannt, was nun kommt: »Euer Lebenssinn ist es, nach dem eigenen

Lebenssinn zu suchen! Ihr dürft euch wieder setzen!« Ein paar finden es lustig und ein paar finden mich dabei richtig gemein. Doch, mein lieber Leser, ist es nicht so?

Die meisten suchen so lange nach dem Sinn des Lebens, dass sie dabei nicht merken, dass diese Suche plötzlich zum Sinn des Lebens geworden ist. Ich bin überzeugt, das Leben hat nur einen Sinn, nämlich den, den wir ihm selbst geben. Wir sollten beginnen, das Leben wieder selbst in die Hand zu nehmen, und sensibel für das zu werden, was uns erfüllt und was wir wirklich wollen. Wer nicht weiß, was er möchte, wer nicht weiß, wofür er brennt, der wird durchs Leben irren. Das ist, als wenn du zum Fahrtkartenschalter bei der Bahn gehst und sagst: »Guten Tag, ich möchte gern irgendwohin, wo es schön und sonnig ist!« »Wo genau soll es denn hingehen?« »Eben, wo es schön und sonnig ist!« »Ja, da können Sie ja fast überallhin, an welchen Ort denn genau?« »Das spielt keine Rolle, es soll einfach schön und sonnig sein!« »Hmm, wie wäre es mit Locarno im Tessin?« »Nee, da war ich schon, es soll sonniger und schöner sein!« Ich glaube, spätestens jetzt wird klar, dass der Reisende wohl nicht am Ziel ankommt, wenn er sich nicht festlegen möchte und klare Ziele formuliert! Doch warum haben so viele Angst vor klaren Zielen?

Hast du klare Ziele, mein lieber Leser? Willst du ans Ende dieses Buches kommen? Willst du etwas lernen? Bist du bereits dabei, die Übungen umzusetzen, das Buch zu leben und es als Leitfaden für deine Veränderung zu benutzen? Oder willst du nur Wissen anhäufen und ans Ende kommen, um dann zu sagen: »Ja, das Buch kenne ich, nichts Neues, wusste ich alles schon!« Ein Ziel für dich könnte doch so aussehen: Beginne, das Buch zu leben, verändere dich bewusst und nimm einen Block und einen Stift und schreibe dir mal deine beruflichen Ziele auf! Was möchtest du? Suche nicht nach einem Job, sondern nach Aufgaben, die dich erfüllen. Der einfachste Weg, um deine Berufung herauszufinden, ist der, dich zu fragen: »Würde ich das auch tun, wenn ich kein Geld dafür bekommen würde?« Wenn du das mit Ja beantworten kannst, dann bist du deiner Berufung schon sehr nah.

Bedenke immer: Wer kein Ziel hat, kommt nicht an! Mache dir auch bewusst, dass du jederzeit deine Ziele ändern kannst. Viele haben doch nur Angst, sich festzulegen, weil sie denken: »1. Das erreiche ich eh nicht, ich habe nie etwas erreicht in meinem Leben! 2. Was soll ich dann tun, wenn ich es erreicht habe? 3. Was, wenn ich in zwei Monaten merke, dass ich das nicht mehr möchte?«

Zu Punkt eins: Das ist ein negativer Glaubenssatz, sei dir darüber im Klaren. Vielleicht hat deine Vergangenheit dir gezeigt, dass du Ziele nicht erreichen konntest. Das mag gut sein, doch bedenke, das war so, weil genau das dein Glaube war und du dir jedes Mal auch Dinge unbewusst gesucht hast, die dir das bestätigen. Ändere den Glaubenssatz in: »Ich erreiche alles, was ich mir vornehme, wenn ich es auch wirklich anpacke!« Mache dir auch bewusst, dass du vieles bereits erreicht hast, was du dir vorgenommen hast in deinem Leben, aber dass du diese Dinge einfach nicht bewusst wahrgenommen hast. Zum Beispiel kannst du lesen, sonst würdest du dieses Buch nicht in der Hand halten. Du kannst laufen, am Tisch sitzen und allein essen, du kannst sprechen, vielleicht ein Instrument spielen, oder ähnliche Dinge. Ich beobachte gerade meinen 14 Monate alten Sohn, wie er lernt zu laufen, zu sprechen, Gegenstände aktiv zu greifen, Worte zu verstehen und viele andere, für uns alltägliche Dinge. Wenn er etwas Neues lernt, dann freuen wir uns mit ihm, wir klatschen in die Hände und gratulieren ihm. Bei unseren Kindern sind wir so stolz auf neue Fähigkeiten, aber bei uns selbst vergessen wir oft, dass wir das alles auch einmal nicht konnten und doch gelernt haben, sodass es heute so selbstverständlich ist, dass wir das gar nicht mehr wahrnehmen.

Schenke nun bewusst allen Dingen Beachtung, die du schon gelernt hast, die du zu Beginn deines Lebens noch nicht konntest, und welche deiner Ziele du verwirklicht hast. Schreibe dir mindestens zehn davon auf. – Jetzt los, schreiben, nicht weiterlesen, werde aktiv!

Ich vertraue dir, dass du es gemacht hast, und falls nicht, war es deine Entscheidung. Doch wer nichts verändert, der darf sich nicht beklagen, dass alles beim Alten bleibt. Soll ich dir nochmals Zeit geben, falls du die Übung doch machen möchtest? Komm, mach schon, leg los. Sei es dir wert!

Zu Punkt zwei, was du tun kannst, wenn du etwas erreicht hast: Zuerst einmal, stolz auf dich sein, dass du ein weiteres Ziel erreicht hast. Zweitens, einfach ein neues Ziel suchen. So einfach.

Zu Punkt drei: Keine Angst davor haben – Ziele können jederzeit verändert, angepasst und neu gesetzt werden. Also verabschiede dich von dieser Ausrede und beginne, deine Ziele zu formulieren. Ich hatte mit 19 Jahren andere Ziele und Bedürfnisse als heute mit 34, und das ist völlig in Ordnung, denn das zeigt meine Entwicklung.

Lass dich auch nicht von den ersten Fehlschritten abhalten, jeder von ihnen weist dich nur darauf hin, dass es so nicht funktioniert. Jetzt musst du nur noch den für dich und dein Ziel passenden Weg finden. Ich habe viele erfolgreiche Menschen beobachtet beziehungsweise viele, die ihr inneres Licht angezündet haben. Auch sie haben in ihrem Leben eine Menge Fehlschritte gehabt, doch etwas ganz Wesentliches unterscheidet sie von der Menge der anderen: Sie lassen sich nicht aufhalten und verfolgen ihre Ideen weiter. Lass auch du dich nicht aufhalten, mache weiter, und wenn dein Herz und dein Licht brennen, dann wirst du Erfolg haben und jedes Ziel erreichen!

Schreibe dir jetzt bewusst zu jedem angegebenen Thema fünf bis zehn Punkte auf, die du als neue Ziele für dich formulieren möchtest. Schon das Schreiben allein ist die erste Manifestation, denke es nicht nur, bringe es wirklich auch zu Papier! Du kannst es erreichen. Ich glaube an dich!

Ich habe auch eine CD zum Thema »Glaub an dich!« aufgenommen. Sie arbeitet mit Suggestionen in der Nacht, das könnte eine zusätzliche Hilfe für dich sein. Doch verfasse jetzt erst einmal zu jedem der unten stehenden Themen fünf bis zehn Ziele. Achte auf eine positive Formulierung, deine Ziele sollten weder ein »nicht« noch ein »kein« beinhalten.

Beruf/Berufung
Liebe/Partnerschaft
Gesundheit/Wohlbefinden
Hobby/Auszeit

Der Einfluss der Ernährung auf das innere Licht

»Wer sich nicht liebevoll ernährt, wird nicht vom Licht genährt!«

Lange habe ich mir überlegt, ob ich den Punkt Ernährung und inneres Licht ansprechen soll, denn ich weiß, gerade bei der Ernährung gibt es so viele Meinungen wie Menschen. Deshalb werde ich hier sicher keine Ernährungstipps geben, aber doch ein paar Punkte ansprechen, die meiner Meinung nach zu beachten sind. Wichtig ist: Ernährung sollte nicht dogmatisch sein, da dabei der Fokus und Glaubenssatz oft destruktiv ist. Der Impuls, sich gesund zu ernähren, sollte nicht aus der Angst vor Krankheiten heraus entstehen. Denn wenn ich mir die Menschen anschaue, die sich aus Angst vor Krankheiten oder Schadstoffen dogmatisch gesund ernähren, dann sehen die meistens aus, als wären sie gerade dem Film *Twilight* entsprungen: Bleich, blass, kraftlos wie Vampire. Vor allem diese Menschen sind dann trotz sehr gesunder und hochwertiger Ernährung immer krank und sehen ganz und gar nicht fit aus. Also auch hier gilt: Immer die Absicht bedenken.

Es ist sicher so, dass richtige Ernährung viele Vorteile mit sich bringt. Besonders auch in Bezug auf das innere

Licht. Mir ist aufgefallen, dass Menschen, die dieses Licht schon in sich geweckt haben, oft viel mehr auf ihre Ernährung achten als diejenigen, deren Licht noch nicht so aktiv ist.

Ich hatte ein spannendes Gespräch mit meinem Freund Pablo über dieses Thema, er hatte gerade eine schwierige Phase hinter sich und sah deshalb längere Zeit nicht ganz so »leuchtend« aus wie sonst. Doch als ich ihn kürzlich traf, wirkte er sehr »frisch« und sein Licht war wieder da. »Was hast du gemacht?«, wollte ich wissen. »Du weißt ja, wie ich die letzten Monate gelebt habe und wie es mir ging. Ich habe damit Schluss gemacht und begonnen, meine Ernährung komplett umzustellen. Mir wurde nämlich bewusst, dass ich viel mehr auf meine Ernährung achte, wenn es meiner Seele gut geht. Durch den Stress im Beruf habe ich nur noch ›Müll‹ gegessen und das zeugt nicht gerade von Selbstliebe. So habe ich bei der Ernährung angefangen und siehe da, jetzt läuft es auf fast allen Ebenen wieder rund. Weil ich mich wieder annehmen und lieben kann.«

Ich habe noch eine Zeit lang über seine Worte nachgedacht und dabei auch mein eigenes Leben reflektiert. Mir ist aufgefallen, dass ich immer dann viel mehr auf meine Ernährung geachtet habe, wenn ich mich wohlgefühlt habe und mein Leben im Fluss war. Das leuchtet irgendwie auch ein, oder?

Mir geht es, wie du siehst, im Moment gar nicht um die richtigen Nahrungsmittel. Ich möchte dir vielmehr klarmachen, dass das jeweilige Bewusstsein, in dem wir uns befinden, auch unsere Essgewohnheiten beeinflussen kann. Geht es dir nicht auch so: Wenn du glücklich bist, greifst du mehr zu frischen Produkten, und wenn du im Stress bist und alles schnell gehen muss, eher zu Fertigprodukten? Ist im Grunde ja auch logisch, oder? Zumindest bei mir und meinem Umfeld kann ich da durchaus oft einen Zusammenhang erkennen. Das heißt im Umkehrschluss natürlich nicht, dass jeder, der nur frische Nahrung zu sich nimmt, automatisch glücklich ist und jemand, der in ein Fast-Food-Lokal geht, zwangsläufig unglücklich ist. Da wir aber über unsere Nahrung Energie aufnehmen, in physischer, aber auch in energetischer Form, spiegelt sich diese auch irgendwo wider.

Oft allerdings sind wir uns der energetischen Form zu wenig bewusst, und ich denke, darauf sollten wir mehr achten. Bei Menschen, die viel lebendige Nahrung zu sich nehmen, fällt mir immer wieder auf, dass auch deren Licht und Aura-Energie gestärkt werden. Ich persönlich habe mich sehr mit Ernährung auseinandergesetzt, vieles ausprobiert und auch vieles darüber gelesen und mit Schulmedizinern, Ernährungsberatern und Naturärzten gesprochen. So bin ich zu dem Schluss gekommen, dass es eine ideale Ernährungsform, die für alle Menschen gilt, nicht gibt. Was man aber sicher sagen kann, ist: Je natürlicher ein Nahrungsmittel ist, desto besser für uns. Doch auch viele sogenannte »frische« Produkte aus dem Supermarkt sind von der Energie her nicht mehr ideal.

Wenn ich mir hellsichtig die Energiefelder der Gemüseabteilung anschaue, so sind diese oft nicht viel besser als diejenigen der Keksabteilung. Natürlich gibt es schon noch Unterschiede, ich übertreibe ein bisschen, aber wir sollten doch darauf achten, woher das Gemüse und die Früchte kommen. Grundsätzlich gilt: Werden frische Nahrungsmittel zu sehr »behandelt«, ist deren Energiegehalt nicht viel größer als der bei künstlichen oder konservierten Nahrungsmitteln. Das hat mich persönlich ziemlich verunsichert.

Ich bin ein absoluter Fan von Markus Rothkranz, durch den Rohkost wieder zum Trend wurde, ich liebe seine Bücher und seine Ansichten. Er ist zwar sehr fanatisch, und das finde ich immer schwierig, aber wenn man sein Energiefeld betrachtet und auch sein Aussehen von früher mit seinem heutigen vergleicht, dann wird schnell klar, dass man mit energetisch hochwertiger Ernährung enorm viel erreichen kann. Doch so, wie es Markus praktiziert, würde es bei mir nicht funktionieren, das wäre mir zu dogmatisch. Er hat allerdings sehr gute Ansätze, bei denen ich vieles absolut nachvollziehen und auch bei den Menschen in deren Aura beobachten kann.

Oft wird gesagt, wir sollen auf den Körper hören, er teilt uns schon mit, was er braucht. Das stimmt einerseits und ist gleichzeitig völliger Blödsinn. Es stimmt dann, wenn wir im Einklang mit unserem Körper leben, das heißt, wenn wir ein sehr gutes Gefühl für unseren Körper haben und auch dessen Energien wahrnehmen können.

Die meisten verstehen aber unter: »Auf den Körper hören«, auf die Gelüste hören, und das wirkt sich dann verheerend aus. Wer die Energien des Körpers versteht, der bemüht sich mit Sicherheit auch wieder um hauptsächlich lebendige Nahrung. Ich kenne aber viele, die täglich massenhaft Süßes essen und sich mit: »Mein Körper sagt mir, er braucht das« aus der Affäre ziehen wollen.

Ich möchte hier, wie gesagt, weder eine spezielle Ernährungsform vertreten, noch ein Dogma verbreiten. Ich möchte einzig diejenigen, die Freude dabei empfinden, dazu anregen, verschiedene Ernährungsformen auszuprobieren und dabei auf das eigene Wohlbefinden zu achten: Wie fühlst du dich jeweils geistig, körperlich und energetisch? Gib aber dir und deinem Körper Zeit und probiere alles mindestens zwei bis drei Monate aus, bevor du dich entscheidest. Wichtig ist, dass du deine Absicht prüfst und du unbedingt ein gutes Gefühl dabei haben solltest. So kann zum Beispiel Rohkost, die auf Angst vor Krankheiten aufgebaut ist, viel schädlicher sein als eine Ernährung auf »Schokoladenbasis«.

Momentan ist vegane Ernährung im Trend, was ich absolut gutheiße, aber ehrlich gesagt sehe ich viele vegane Dogmatiker, die totale Energie-Leichen sind. Das kommt daher, dass ihre Ernährung auf destruktive Angst-Muster aufgebaut ist. So wird sie zur Religion und Missionierung und dient nicht mehr der positiven Grundüberzeugung. Zudem kenne ich Vegan-Referenten, die auf der Bühne predigen und hinter der Bühne sündigen, das ist dann energetisch noch viel schlechter, als wenn sie gleich herzhaft in einen Burger beißen würden. Bedenke immer: Deine Gedanken und auch deine Absicht sind das Wichtigste.

Ich war früher Hardcore-Vegetarier-Missionar, ja, ich schreibe es extra so, denn ich habe jedem gesagt, wie schlimm es ist, Fleisch zu essen, wie sich das auf die Energie auswirkt und was man den Tieren antut. Aber was habe ich bewirkt? Nichts, außer dass mir einige aus dem Weg gegangen sind. Wegen mir ist, soweit ich weiß, niemand auf fleischlose Ernährung umgestiegen. Dagegen sind im Umfeld meiner damaligen Freundin, auch eine Vegetarierin, aber keine Hardcore-Missionarin, fast alle Vegetarier geworden. Ich war sehr erstaunt, doch als ich nach dem Warum fragte, meinte sie nur: »Ich bin Vorbild, ich missioniere nicht, sondern lebe einfach so, weil es mich glücklich macht. Du willst aber, dass alle so leben, wie du es für richtig hältst, und das ist nicht stimmig.« Da hatte sie natürlich vollkommen recht, und, ja, ein kleiner Missionar ist immer noch in mir.

Dass Fleisch als Nahrungsmittel nicht so ideal ist, schon allein vom ethischen Standpunkt aus betrachtet, darüber müssen wir nicht diskutieren, aber das Gleiche gilt auch für den energetischen Standpunkt. Möchte jemand Fleisch essen, würde ich es dann achten, wenn der Konsum auf ein Minimum reduziert würde. Zudem sollte das Fleisch von Tieren stammen, die Weiden und Tageslicht kennen und die nicht nur im Stall stehen und durch irgendwelche Futtermischungen ernährt werden. So erzeugtes Fleisch ist von der Energie her viel besser als Fleisch aus Massentierhaltung, vom ethischen Aspekt ganz zu schweigen. Worauf ich aber ganz verzichten würde, ist Schweinefleisch, da es von allen Fleischsorten dasjenige ist, das unseren Körper am meisten belastet. Meine Regel lautet hier ganz klar: Je weniger Fleisch, desto besser.

Milch und Milchprodukte halte ich persönlich für überhaupt nicht sinnvoll. Die Auffassung, dass Milch gesund und vor allem das darin enthaltene Kalzium gut für unsere Knochen sei, ist mehr als umstritten. Doch darauf gehe ich nicht im Detail ein, meine Empfehlung lautet einfach, so wenig Milchprodukte wie möglich zu sich zu nehmen.

Zucker ist mein Tabu Nummer eins. Zucker würde heute als Nahrungsmittel gar nicht mehr zugelassen werden, weil er so viele negative Nebenwirkungen hat, dass man ihn ohne Probleme als Gift bezeichnen könnte. Zucker ist nicht nur ein Hauptfaktor, der zur Übersäuerung des Körpers führt und mit zur Entstehung verschiedener Krankheiten, wie zum Beispiel Krebs, beiträgt, sondern er verändert auch unsere Psyche. Versuche mal, einen Monat auf sämtlichen Zucker zu verzichten, und du wirst feststellen, welche Entzugserscheinungen bei dir auftreten. Zucker wurde nicht umsonst früher als Droge eingestuft. Wenn schon Zucker, dann natürlichen, aber sicher keine künstlichen Süßstoffe und keinen normalen Haushaltszucker. Und vor allem: Schütze deine Kinder davor. Die meisten Kinder, die ADHS oder Ähnliches haben und mit Ritalin vollgepumpt werden, müssten nur den Zucker weglassen und wieder draußen spielen dürfen, dann wäre das Problem beendet.

Des Weiteren ist es besser, sich ohne Weißmehl zu ernähren. Mir geht es nicht um die Gluten, aber Roggen oder Urdinkel, Vollkornnudeln und -brot sind besser geeignet. Der Weizen wurde so massiv überzüchtet, dass er mittlerweile enorme Nachteile für unsere Gesundheit in sich birgt.

Das sind nur einige Anregungen meinerseits, nicht mehr, und ich persönlich halte es so, dass ich ab und an eine Ausnahme mache und von meinen persönlichen Grundsätzen abweiche. Doch je natürlicher ich mich ernähre, desto wohler fühle ich mich und desto weniger verlangt mein Körper Nahrungsmittel, die mir nicht guttun. Da wird der Körper wirklich zu einem Instrument, das mir genau zeigt, was er braucht und was ihm hilft. Früher war das nicht so, ich liebte Pizza, Süßes und Cola. Mein Körper war süchtig danach. Auch heute gönne ich mir zwischendurch mal eine Pizza und eine Cola, doch diese Tage sind seltener geworden.

Also am besten viel Gemüse und viele Früchte essen, möglichst aus dem eigenen Garten, vom Bio-Bauer um die Ecke oder, wenn nicht anders möglich, aus dem Supermarkt. Achte darauf, dass du einheimische Produkte zu dir nimmst. Oft wird damit argumentiert, dass das alles viel teurer sei. Ja, das stimmt, aber wer sich gesund ernährt, wird interessanterweise nach etwa zwei bis drei Monaten feststellen, dass er viel weniger Nahrungsmittel benötigt, um satt zu werden; vermutlich liegt das an der darin enthaltenen Energie. Außerdem werden bei dieser Art der Ernährung die Arztkosten abnehmen und die Menschen länger und gesünder leben.

Obwohl ich keinen großen Garten und auch sehr wenig Zeit habe, liebe ich es, Obst und Gemüse anzupflanzen. Spannend ist auch der Austausch, der sich daraus ergibt: Da die meisten unserer Nachbarn auch »gärtnern« und alles ja zur selben Zeit reif wird, werden Salat, Äpfel und Gemüse untereinander verteilt und ausgetauscht, weil alle von ihren eigenen Produkten viel zu viel haben. So entsteht eine wunderbare Nahrungsmitteltauschbörse. Hast du keinen eigenen Garten, so habe ich die Erfahrung gemacht, dass es direkt beim Bauern oft viel günstiger ist als im Supermarkt, und beide Seiten mehr davon profitieren.

Ich liebe Smoothies, darüber gibt es viel Literatur und auch Rezepte. Die sind aus meiner Sicht supergesund und ideal, aber achte darauf, dass du genügend »Grünzeug« hinzugibst. Gerstengras, eins der besten und gesündesten Nahrungsmittel, ist auch als Nahrungsergänzungsmittel erhältlich und gehört bei mir täglich auf den Speiseplan.

Ich persönlich achte sehr auf basische Nahrungsmittel und den Säure-Basen-Haushalt. Für Basenwasser habe ich mir für zu Hause extra ein Gerät gekauft, das man am Wasserhahn anschließen kann. Wenn ich unterwegs bin, habe ich immer ein Basenkonzentrat dabei, sodass ich mir überall basisches Wasser zubereiten kann. Wasser ist überhaupt das Beste, je reiner, desto besser. Wir wissen, dass Wasser ein hervorragender Informationsspeicher ist und durch liebevolle Gedanken oder Segnen hochwertiger gemacht werden kann. Du kennst sicher die Kristallbilder von Masaru Emoto – falls nicht, lohnt es sich, darüber mal zu lesen. Ich empfehle dir, viel zu trinken, und zwar nur Wasser, keine Kohlensäure und keine Süßgetränke. Außer ab und zu mal eine Cola, trinke ich so gut wie nie Süßgetränke (obwohl ich weiß, dass Cola für unsere Gesundheit eines der schlechtesten Süßgetränke ist).

Achte auch auf deinen Salzhaushalt und auf die richtige Qualität des Salzes. Am besten auch hier kein industriell gefertigtes Salz, sondern naturbelassenes Meersalz oder Himalayasalz. Aus meiner Sicht stimmt es nicht, dass viel Salz schädlich ist, eher zu wenig. Spannend könnten hierzu auch die Bücher sein, die Heilen mit Wasser und Salz thematisieren.

Außerdem verzichte ich auf Fluor in der Zahnpasta. Es gibt viele Länder, die dafür ein Verbot ausgesprochen haben.

Wie du merkst, habe ich hier nur einige persönliche Empfehlungen aufgeschrieben und überlasse es dir, das herauszupicken, was für dich stimmig ist. Wenn du Interesse hast, kannst du dich über die Vor- und Nachteile selbst informieren. Ich bin bewusst nicht weiter in die Tiefe gegangen, denn wenn ich all die Nachteile der Nahrungsmittel, die ich nicht empfehle, aufzeigen würde, dann würdest du jedes Mal, wenn du so etwas zu dir nimmst, daran denken, und das wäre noch viel schädlicher. Doch vielleicht hast du ja Lust, dich mit dem einen oder anderen Thema zu beschäftigen. Wichtig ist, dass du dir immer den energetischen Standpunkt anschaust und dir auch mal etwas gönnst, wenn du es wirklich willst. Es gibt, wie gesagt, weder eine ideale Ernährungsweise, die für alle gilt, noch ein Allheilmittel.

Zum Schluss noch eine andere Anregung: Segne doch wieder dein Essen. Das mache ich schon sehr lange, ich bedanke mich immer und segne das, was ich zu mir nehme. Allein dadurch, dass ich meinem Essen wieder mehr Wertschätzung entgegenbringe, ist es energetischer. Das hilft schon ganz viel. Falls du nicht weißt, wie du dein Essen segnen kannst, lies einfach weiter.

Gesundheit

»Dein Körper ist eigentlich von Natur aus in vollkommener Harmonie.«

Immer wenn der Körper mit einer Krankheit reagiert, müssen wir uns bewusst sein, dass etwas in uns nicht ganz stimmig ist. Oft ist es unsere Gedankenstruktur oder unser emotionales Gleichgewicht. Der Körper ist eigentlich von Natur aus in vollkommener Harmonie. Klar gibt es angeborene Krankheiten, von diesen spreche ich hier nicht. Aber wie können wir unseren Körper stärken und zu seiner Gesundung beitragen? Wenn du die Übungen aus diesem Buch machst, wirst du merken, dass sich auch dein Wohlbefinden verbessert und Krankheiten »verschwinden« können. Falls du jedoch unter irgendetwas leidest, ist es wichtig hinzuschauen, was dir die Krankheit sagen will. Was musst du ändern, damit dein Körper das Signal abstellen kann, das dir die Unstimmigkeit aufzeigt? Oft wissen wir ganz genau, was wir ändern müssten, und viele Klienten sagen: »Ich weiß, ich müsste weniger und gesünder essen, nicht mehr rauchen, auf Alkohol verzichten, Kohlehydrate weglassen, mehr Wasser trinken, weniger Süßes konsumieren ...« – um sofort nachzuschieben: »Das kann ich aber nicht!« Dann kontere ich immer:

»Wenn du es nicht kannst, kein Problem, keiner zwingt dich dazu, aber dann hör auch auf zu jammern!«

Hart? Ja, aber wenigstens ehrlich! Falls du ein Symptom hast: Sei mal ehrlich – ist dir nicht sofort bewusst, was du ändern müsstest? Falls ja, dann packe es an und ändere es oder höre auf zu jammern, denn jammern macht das Problem nicht kleiner, sondern nur noch größer. Erzähle auch nicht jedem von deinem Leiden, denn das hilft überhaupt nicht. Das Einzige, was du damit erreichen willst, ist Mitleid. Das klappt am Anfang, doch wenn dein Umfeld erkennt, dass du in der Opferrolle gefangen bleibst und nichts änderst, dann wendet es sich von dir ab oder du bist in seinen Augen degradiert. Jedes Mal, wenn die anderen dich sehen, denken sie: »Oje, jetzt fängt er gleich wieder an zu jammern ...« Diese Gedanken sind auch nicht gerade konstruktiv, du verlierst den Respekt der Personen dir gegenüber.

Eine meiner früheren Klientinnen war Hardcore-Jammerin und wollte, dass ich ihr durch geistiges Heilen helfe. Doch mein Geistführer riet mir: »Behandle sie nicht, schick sie wieder heim!« Ich zögerte, bekam aber immer wieder dieselbe Botschaft von ihm. Also teilte ich ihr mit: »Ich kann dir nicht helfen, geh wieder heim oder zu einem Arzt!« »Ich war schon bei X Ärzten, niemand hilft mir, niemand will mir helfen. Ich habe jeden Tag andere Symptome und mein Arzt schiebt alles auf meine Psyche!« Mein Geistführer schaltete sich wieder ein: »Schick sie heim, würdest du ihr Heilung geben, dann wäre der Sinn ihres Lebens verloren. Sie braucht ihre Krankheit, weil sie sich dadurch Liebe und Anerkennung holt. Im Grunde fühlt sie sich einfach nicht geliebt, man kann sie auch nicht lieben, sie jammert nur und schiebt ihre Faulheit auf ihre Symptome. So schick sie heim und sag ihr genau das!« Ich gab ihr das weiter und die Frau wurde richtiggehend wütend, was ich, ehrlich gesagt, nachvollziehen konnte.

Schlecht gelaunt verließ sie meine Praxis, doch zwei Monate später rief sie mich an und bedankte sich. Sie sei gesund. Ich gratulierte und wollte wissen, was ihr geholfen habe. »Nach deiner Behandlung war ich stinksauer. Ich ging nach Hause, erzählte es meinem Mann, und mein Mann gab dir nach langem Schweigen recht! Zuerst wollte ich ihn verlassen, weil er mir so in den Rücken fiel. Doch dann dachte ich lange darüber nach und musste dir zustimmen. Ich habe mir neue Ziele gesucht, Hobbys, Freizeitbeschäftigungen, und habe außerdem wieder angefangen zu arbeiten. Jetzt lebe ich wieder, danke, vielen Dank!« »Bedanke dich bei dir selbst, du hast dich geheilt!«

Die Geschichte hat mir gezeigt, dass es auch viele Menschen gibt, die sich über ihre Wehwehchen und Krankheiten definieren. Achte auch du darauf, lieber Leser, ob du in diese Falle getappt bist. Falls du an einer Krankheit leidest, schau genau hin, wo die Krankheit ist und was das Symptom bewirkt. Meist sagen nämlich schon der Ort und die Wirkung der Symptome, was wir ändern sollten.

Ich hatte ja früher einen schweren Unfall und dadurch viele Zeiten in meinem Leben, in denen ich unter chronischen Schmerzen litt. Oft wollte ich nicht hinschauen oder nicht wahrhaben, was an meinen Umständen nicht stimmte. Falls du jetzt unter einer Krankheit leidest, nimm die medizinische Therapie oder natürlich auch alle Alternativen in Anspruch, die dir helfen. Aber richte vor allem auch wieder deinen Fokus auf deine gesunden Körperstellen, bewundere deinen Körper, was er alles gut kann, bedanke dich für all die wunderbar funktionierenden Stellen an deinem Körper. Wende den Fokus vom Mangel, beziehungsweise der Krankheit hin zu den Orten, wo Harmonie und Gesundheit herrschen, so veränderst du auch deine Einstellung und dein Körper kann die Selbstheilung besser aktivieren. Bei der Hauptübung in diesem Buch »Kreiere eine lichtvolle Persönlichkeit und Missing Link« wirst du feststellen, dass du auch deiner Gesundheit die richtigen Impulse geben kannst, die deine Selbstheilung aktivieren.

Trotzdem dürfen wir nie vergessen, dass im Grunde jede Krankheit, jedes Symptom ein Hilferuf unseres Körpers ist, der eigentlich nur eins bedeutet: »Hallo, du da! Achte mich mehr, gib mir mehr Liebe und Aufmerksamkeit!« Ja, pflege deinen Körper mehr, mit guter Nahrung, gutem Wasser. Pflege ihn, gib ihm Aufmerksamkeit, betrachte dich liebevoll im Spiegel, lass dich oft streicheln oder streichle dich selbst. Wenn du dich und deinen Körper nicht achtest, wird auch niemand sonst deinen Körper und dich wirklich achten können.

Lade deinen Geistführer ein und segne

»Alles, was du segnest, wird dir zum Segen!«

Die enorme Kraft des Segnens wird oft unterschätzt. Wie ich schon angesprochen habe: Seit Masaru Emoto mit seinen Experimenten bewiesen hat, dass Wasser ein enormer Speicher für Energien ist, können wir genau das nutzen. Emotos Versuche haben später unter dem Mikroskop gezeigt, dass die Kristallstruktur des Wassers wunderschön ist, wenn man vorher das Wasser mit positiven Worten »bedenkt«, beziehungsweise diese Worte auf das Wasserglas schreibt. Sind die Worte oder Gedanken destruktiv oder negativ, sieht die Kristallstruktur ganz anders aus. Dort ist nichts mehr von schön zu erkennen. Wer mehr über diese Experimente wissen möchte, sollte sich die Bücher von Masaru Emoto besorgen.

In Anbetracht dessen, dass unser Körper sehr viel Wasser enthält, können wir genau diese Eigenschaft nutzen. Der Anteil an Wasser in unserem Körper ist enorm. Denken wir positiv über uns oder umgeben uns mit positiven Dingen, wird genau dieser Wasseranteil im Körper auch positive Kristallstrukturen aufweisen.

Und wenn die Kraft der Gedanken eine so enorme Wirkung auf Wasser hat, müsste uns sofort bewusst werden, welch enorme Wirkung das Segnen der Lebensmittel und Getränke hat. Sind wir uns darüber im Klaren, welchen Gedanken unsere Nahrungsmittel durch Transport und Verarbeitung und nicht zuletzt durch die Kunden in den Einkaufscentern ausgesetzt sind, können wir uns leicht vorstellen, wie die Kristallstruktur des Wassers unserer Nahrungsmittel ist. Durch Segnen können wir diese ohne großen Aufwand wieder in die richtige Schwingung bringen und die Struktur verändern. Ich segne heute immer meine Nahrungsmittel.

Früher habe ich an ganz vielen Nahrungsmittelallergien und Unverträglichkeiten gelitten. Es gab sogar eine Zeit, da habe ich kaum noch etwas ohne Probleme zu mir nehmen können. Die Ärzte, Heilpraktiker und Geistheiler konnten mir nicht helfen und ich fand mich schon fast damit ab, so zu leben. Dann bat ich meinen Geistführer, mir ein Zeichen zu schicken, wie ich meine Allergien loswerden könnte. Ein paar Stunden später kam ein Artikel über die Kraft des Segnens in meine Hände, was ich am Anfang als religiöses oder esoterisches Gerede abtat. Doch der Artikel ließ mir keine Ruhe, sodass ich mich mit meinem Geistführer verband und ihn fragte, ob dies ein Zeichen von ihm sei. Ich fühlte eine enorme Wärme und ein bejahendes Gefühl und interpretierte das folglich als Ja. So begann ich, mein Essen zu segnen. Seitdem verbinde ich mich vor dem Essen kurz mit meinem Geistführer und stelle mir vor, wie die segnende Kraft von ihm in mich einströmt und durch meine Augen wieder ausströmt und schaue mir dadurch bewusst »segnend« mein Essen an. Das kann ich überall machen, ohne dabei groß Aufmerksamkeit zu erregen. Das ist für mich wichtig, da ich durch meine Arbeit sehr oft auswärts esse und ich in Hotels und Restaurants kein großes Ritual durchführen kann, ohne dabei das Interesse der Leute auf mich zu ziehen.

Schon innerhalb weniger Tage war es mir damals möglich, wieder ganz normal zu essen, ohne allergisch oder intolerant auf die Nahrung zu reagieren. Ich kann heute alles, wirklich alles wieder ganz normal essen. Bei starken allergischen Reaktionen ist es natürlich wichtig, so etwas am Anfang nicht kopflos zu machen und vorsichtshalber Notfallmedikamente bei sich zu haben, falls es doch noch zu einem allergischen Schock kommt. Also nicht übertreiben, sondern langsam die Nahrungsmittel wieder in das Essen integrieren. Bei Milchprodukten hat es etwa sechs Monate gedauert, bis ich sie wieder ganz ohne Probleme zu mir nehmen konnte, aber Milch gehört sowieso kaum mehr auf meinen Speiseplan. Gewisse Nahrungsmittel brauchen länger und man sollte den Körper nicht sofort überfordern.

Wenn man selbst kocht, kann man sich schon während der Zubereitung und des Kochens mit den Engeln und dem Geistführer verbinden. Du wirst merken, dass das Essen dann besser und viel bekömmlicher wird. Auch wenn du keine Probleme mit Allergien hast, bedenke, die

Kraft des Segnens wird dir enorm helfen. Deine Körperflüssigkeiten werden positiv schwingen und dadurch auch deinen Körper jünger, vitaler und gesünder machen. Es lohnt sich. Du kannst natürlich nicht nur dein Essen segnen, sondern auch deine Kosmetikprodukte, Tiere, Mitmenschen, den Arbeitsort, die Natur, einfach alles.

Doch wie geht das nun genau? Ich bitte einfach nur meinen Geistführer, die Engel oder auch Gott näher. Dann spüre ich die Energieveränderung und lasse mir ein bisschen Zeit, damit sich die Geistige Welt ganz mit mir verbinden kann. Am Anfang brauchst du dafür vielleicht ein bis zwei Minuten, später, mit ein wenig Übung, klappt die Verbindung eigentlich sofort. Sobald ich klar wahrnehme, dass die Geistige Welt da ist, bitte ich sie, segnende Energie durch mich hindurchfließen zu lassen. Ich stelle mir dann vor, dass diese durch meine Augen austritt und alles, was ich ansehe, gesegnet wird. Du kannst natürlich auch da deine Form wählen, zum Beispiel dass die Energie durch deine Hände fließt oder wie auch immer es für dich stimmig ist. Ich habe die Augen gewählt, damit ich dieses Ritual überall, ohne Aufsehen zu erregen, durchführen kann. Sei auch du gesegnet.

Raus aus der Komfortzone

»Nur wer aktiv wird, kann sein Leben positiv verändern!«

Fragst du dich vielleicht gerade: »Warum läuft in meinem Leben alles oder vieles schief?« Dann hier die Antwort: Falls eine »Notlage« es nicht unbedingt erforderlich macht, ändern sich die meisten Menschen nie! Bedenke außerdem: Du bist Schöpfer deiner Umstände, ob bewusst oder unbewusst! Zu oft verbleiben wir in unserer Komfortzone. Damit meine ich, dass viele Menschen nicht aktiv werden, sie sitzen nur herum, lesen Lebensratgeber, besuchen Seminare, füllen sich mit Wissen, aber wenden es nicht an. Nichts von all dem wird dich wirklich weiterbringen, wenn du passiv bleibst und nicht aktiv zur Veränderung deiner Lebensumstände beiträgst.

Erkenne, dass das ganze Leben Energie ist, und wer passiv ist oder nur so ein bisschen vor sich hin denkt, bei dem wird keine Energie fließen. Bringe die Energie zum Fließen, indem du wirklich aktiv wirst. Beobachte dich selbst einmal: Wie viel hast du aktiv wirklich von diesem Buch schon gemacht und wie viel hast du einfach nur gelesen, bewertet, Seiten übersprungen und gewartet, dass die Lösung für alle deine Probleme kommt? Falls du noch nichts aktiv gemacht hast, empfehle ich dir, das Buch noch einmal von vorn zu beginnen und es ab jetzt zu leben. Nur lesen bringt dir rein gar nichts! Du musst in die aktive Erfahrung gehen, sonst wird sich nichts ändern, du musst deinem Leben neue Impulse setzen, sonst bleibt es so, wie es ist. Das kann ja auch schön sein, doch dann hättest du wohl kaum dieses Buch gekauft.

Ich habe viele Seminarteilnehmer kennengelernt und einige haben immer wieder gesagt: »Die Übungen bringen nichts, ich konnte nicht davon profitieren!« Spannend dabei ist, dass diese Aussage immer nur von Teilnehmern kam, die sich nicht auf die Übungen eingelassen und nichts aktiv unternommen haben, um ihr Leben zu ändern. Sie waren einfach passiv da, haben alles destruktiv bewertet und waren, ehrlich gesagt, einfach zu faul, ihre Lethargie zu überwinden und etwas zu tun. Ich weiß, meine Worte sind hart und direkt formuliert. Doch wir müssen verstehen: Wer nichts oder wenig gibt, kann nicht erwarten, viel zu bekommen. Falls du bis jetzt nur faul herumgelegen und nichts aktiv gemacht hast, dann werden dich diese Zeilen jetzt nerven, doch du kannst daran erkennen, dass dieses Nerven ein Zeichen für dich ist, dass ich recht habe. Hast du das Buch aktiv gelebt, wirst du schmunzeln, vielleicht vor dich hin nicken und mir recht geben!

Ich greife dich hier nicht an, aber das ist ein Weckruf, der sagt: »Hallo, fauler Leser! Wann willst du beginnen, die Verantwortung für dein Leben zu übernehmen?

Wann wachst du auf aus dem Dornröschenschlaf? Beweg dich! Ändere etwas! Erst dann kannst du deinem Leben eine neue Richtung geben. Bewerte auch dieses Buch erst, wenn du es umgesetzt hast. Vorher will ich kein Jammern hören, dass es nicht funktioniert!«

Na, zuckt es jetzt in dir? Möchte dein inneres Licht auch, dass du zu leben beginnst? Gut, dann haben meine Zeilen ihr Ziel erreicht! Falls nicht? Dann mache dir bewusst, dass du dennoch ein liebeswürdiger und wunderbarer Mensch bist, aber dass du auch faul bist und lieber die Verantwortung abgibst!

Umgib dich mit Lichtvollem

»Die größte Herausforderung besteht für uns darin, im Alltag unser Licht zum Leuchten zu bringen.«

Oft höre ich: »Pascal, solange ich bei dir im Seminar bin, fällt es mir sehr leicht, mein inneres Licht leuchten zu lassen und auch positiv zu bleiben, doch kaum bin ich in meinem Alltag zurück, fällt es mir schwer oder es gelingt mir gar nicht mehr.« Das ist im Grunde normal und die größte Herausforderung besteht für uns darin, im Alltag unser Licht zum Ausdruck zu bringen und trotzdem ein normaler, bodenständiger, gesellschaftsfähiger Mensch zu bleiben. Denn für mich persönlich ist es wichtig, bodenständig und vor allem gesellschaftsfähig zu bleiben.

Ich meine damit ganz einfach, dass wir am Leben teilnehmen und nicht irgendwo an einem abgeschiedenen Ort vor uns hin meditieren oder vom Alltag unserer Mitmenschen nichts mehr mitbekommen, weil wir in unserer eigenen Welt leben. Es gibt viele, die sich nur noch mit ihresgleichen austauschen und außer Spiritualität kein anderes Thema mehr kennen. Das ist okay, und wenn es für jemanden stimmig ist, soll er das machen. Aber wenn wir die Welt verändern wollen, dann müssen wir auch greifbar bleiben für alle. Nur so können wir mit unserem Licht die anderen Lichter um uns herum zum Leuchten bringen. Obschon abgedreht ja auch spannend sein kann. Da kommt mir gerade Robert Betz in den Sinn mit seinem Buch: *Willst du normal sein oder glücklich?* Sorry, ich bin abgeschweift.

Jetzt aber noch ein paar Tipps, wie es dir leichter fällt, im Alltag positiv und lichtvoller zu bleiben. Höre auf, Zeitung zu lesen, darin steht meistens nur Negatives, das unser Bewusstsein und Unterbewusstsein belastet. Achte darauf, dass du keine Horrornachrichten im TV schaust. Wenn du fernsiehst, dann nur sinnvolle Beiträge, die dich weiterbringen und Filme, die dich aufbauen. Aber lass all die destruktiven Daily Soaps, Krimis oder Talkshows weg, in denen es nur um seichte Unterhaltung geht. Das Gleiche gilt für Bücher: Nimm inspirierende Bücher und Magazine und lass alles andere einfach weg. Achte auch auf die Musik, die du hörst: Wird die ganze Zeit nur von Herzschmerz, Gewalt, Drogen oder der Mühsal des Lebens gesungen oder sind es positive Texte? Lass alles, was nicht sinnvoll ist, mal mindestens drei Monate lang weg. Du wirst sehen, dieser kleine Schritt wird dein Leben schon massiv verändern. Meine Schüler bekommen drei Monate »Verbot« ausgesprochen, wenn sie bei mir zur Ausbildung kommen wollen. Viele beschweren sich am Anfang, was ich gut verstehen kann, aber diejenigen, die sich daran halten, sind dankbar und merken, dass sie diese Art der »Unterhaltung« gar nicht mehr brauchen in ihrem Leben. Viele kommen auch mit dem Argument, dann ja gar nicht mehr zu wissen, was auf der Welt passiert. Ich schaue mir seit acht Jahren kaum noch destruktive Dinge an, und trotzdem erfahre ich alles, was wichtig ist, auch so. Was auf der Welt passiert, bekomme ich mit, nur muss ich damit ja nicht täglich mein Bewusstsein und Unterbewusstsein belasten.

Gestalte dein Zuhause liebevoll, räume mal den ganzen Müll weg, der so rumsteht, und alles, was du aus deiner Vergangenheit nicht mehr brauchst. Zu viele Keller und auch Wohnräume sind vollgepfropft mit Dingen, die man nicht mehr braucht. Ich empfehle dir, alles, was du im letzten Jahr nicht gebraucht hast, wegzugeben, zu verschenken, zu verkaufen oder wegzuwerfen. Reinige dein ganzes Haus, wirklich physisch und dann auch energetisch, räuchere alles aus und lasse 24 Stunden harmonische Musik in deinem Haus oder deiner Wohnung spielen. Zum Beispiel Aum-Mantras oder Gebete oder einfach etwas Lichtvolles.

Hänge nur positive Bilder und Fotos auf, Objekte, die dich erfreuen und glücklich machen. Stelle dir zum Beispiel Collagen mit Bildern zusammen, die deine Ziele zeigen, Dinge, die du erreichen möchtest, das können auch symbolische Bilder sein. Du kannst die Collage selbst zeichnen oder Bilder und Fotos nehmen, die du aus dem Internet nimmst. So eine Collage kann jedes Mal ein gutes Gefühl erzeugen. Ich mache das oft – auf meiner Collage findest du zukünftige Ziele, aber auch gegenwärtige Dinge, die mich glücklich machen, auch Fotos und Bilder von Zielen, die ich geschafft habe – damit ich mich immer mal wieder bewusst daran erinnere, was ich schon erreicht habe.

Ich kann die Aussage, dass die Wohnung das Seelenleben widerspiegelt, nur bestätigen, denn ich kann aus der Wohnung eines Menschen sehr viele Rückschlüsse ziehen, wie es seiner Seele geht. Entsorge alle ungesunden Lebensmittel, Putzmittel mit viel Gift, suche biologische Alternativen, auch bei deinen Kosmetikprodukten. Wechsle oft deine Bettwäsche, vielleicht auch mal deine Schlafdecke, dein Kissen oder gar deine Matratze, dort speichern sich die ganzen alten Energien. Achte einfach auf dein Wohlbefinden. Mache nur das, was für dich stimmig ist, und du wirst merken, es ist befreiend, du brauchst dazu nicht viel Geld auszugeben. Wenn man in einer zugemüllten oder vollgestellten Wohnung lebt, dann hat man keinen Platz, um sich zu entfalten. Das hast du sicher auch schon bemerkt. Wenn meine Wohnung sauber und aufgeräumt ist, wenn ich nicht ständig über alte Dinge stolpere, dann fühle ich mich viel besser. Ich mache mindestens einmal im Jahr großes Aussortieren. Bei mir ist alles sehr spartanisch eingerichtet, weil es für mich so stimmig ist, doch suche das, was dich und deine Familie beglückt.

Wenn wir schon bei der Familie sind: Zeige ihnen jeden Tag, dass sie dir wichtig sind. Lobe deine Kinder, lobe deinen Mann, deine Frau, deine Eltern, deine Freunde, zeige deine Gefühle. Kein falsches Lob, kein falsches Lächeln, doch einfach mal danke sagen, dass es den anderen gibt. Du wirst überrascht sein, dass du das, was du aussendest, auch wieder zurückbekommst und dir dadurch automatisch auch Lob und Anerkennung für deine Arbeit entgegengebracht wird. Doch das sollte nicht die Motivation sein, sondern einfach Dankbarkeit für die Menschen in deinem Umfeld. Gehe zu deinem Chef und sage ihm, dass du dankbar bist, für ihn arbeiten zu dürfen. Vielleicht kannst du deinen Chef nicht wirklich wertschätzen, das ist möglich, aber bedenke, er bezahlt dir jeden Monat deinen Lohn. Vielleicht sagst du: »Aber viel zu wenig!« Mache nicht ihn dafür verantwortlich, sondern nimm dein Leben in die Hand, verändere etwas, und suche dir eine neue Tätigkeit, bei der du so bezahlt wirst, wie es für dich stimmig ist.

Sei dankbar in deinem Leben. Wer sich bewusst macht, was alles gut ist in seinem Leben, der programmiert sich automatisch auf reale positive Aspekte um. Ich zum Beispiel bin jeden Tag dankbar, dass ich mich selbst anziehen und meine Schuhe binden kann, ich hatte schon zweimal in meinem Leben eine Phase, da war das nicht möglich. Da konnte ich nicht mehr laufen und hatte oft so starke Schmerzen, dass ich mich nicht mal mehr selbst anziehen konnte. Schon allein dafür, dass ich heute schmerzfrei bin, bin ich jeden Tag so dankbar. Wenn etwas an deinem Körper nicht gut ist, dann sei dankbar für alles, was noch gut ist.

Mache dir jetzt gleich einmal bewusst, wofür du alles dankbar sein kannst. Da kommen wir auch schon zur nächsten Übung: Schreibe jeden Tag auf ein A4-Blatt, wofür du an dem Tag dankbar bist. Jede Kleinigkeit. Zum Beispiel fürs Essen, dass du eine Wohnung hast, einen Job, Freunde, dass du lachen konntest, genügend Wasser zur Verfügung hast oder was auch immer. Es gibt Tage, da wiederholt es sich. Doch schreibe dir das trotzdem täglich auf. Ich habe diese Übung vier Jahre lang jeden Tag gemacht, heute fällt mir täglich ganz viel auf, wofür ich einfach dankbar sein kann.

Als Medium erlebe ich es oft, dass Menschen zu mir kommen, weil jemand gestorben ist und sie sich einfach beim Verstorbenen nochmals bedanken wollen oder auch umgekehrt. Sie möchten ihre Liebe ausdrücken und sich dafür entschuldigen, dass sie es während des Lebens nicht taten. Gehöre du nicht zu denen, sondern werde aktiv dankbar in deinem Leben. Hänge in deinem Haus Zettel auf, schreibe einen Brief für deine Lieben, in denen du ihnen deine Dankbarkeit erklärst. Es gibt nichts Schöneres, als den Lippenstift zu nehmen und auf den Spiegel zu schreiben: »Schön, dass es dich gibt!« oder Ähnliches. Du wirst sehen, es erfüllt, Menschen ein Lachen auf die Lippen zu zaubern. Manchmal rufe ich Freunde an und sage nur: »Ich wollte dich schnell hören und einfach danke sagen!« Das allein erfreut so viele. Bedanke dich nicht nur für Geschenke, sondern einfach für alles, was dich glücklich macht. Werde dir auch dessen bewusst, was dich alles erfüllt. Übersehe die Kleinigkeiten nicht. Doch mache das alles nicht, um etwas zu erhalten, sondern einfach nur, um zu geben. Spende und schenke, so gut es geht. Das finde ich sehr wichtig. Und noch viel schöner ist es, überraschend etwas zu geben, ohne es groß der Presse erzählen zu müssen, oder dass man deinen Namen damit verbindet.

Ich bin sehr bescheiden aufgewachsen, meine Mama gab ihr Bestes, doch sie war alleinerziehend mit zwei kleinen Kindern, und somit war das Geld bei uns ständig knapp. Ich kann mich nicht beklagen, meine Mutter schenkte uns immer die Liebe und Anerkennung, die wir brauchten, sodass mir das gar nicht so bewusst war. Doch einmal an Weihnachten hat meine Mama im Briefkasten 1000 CHF gefunden. Wir wissen bis heute nicht, wer uns da so großzügig beschenkt hat. Dieser anonyme Spender hat für uns viel mehr als nur Geld gegeben, und ich bin heute noch sehr gerührt und dankbar, denn es hat uns damals so vieles erleichtert. Falls es dir finanziell gut geht, probiere das doch mal aus: Es ist so schön, am Weihnachtsabend durchs Dorf zu ziehen und anonym einfach hier und dort ein Nötchen in den Briefkasten zu stecken. Auch wenn es nur ein kleiner Betrag ist – für eine arme Familie kann diese Zuwendung sehr groß sein. Es kann den Tag zum besten Tag der Welt machen. Ich habe das selbst erlebt und aufgrund dieser Erfahrung liebe ich es, an Weinachten fremden Menschen ein Geschenk in den Briefkasten zu legen. Du hast zu wenig Geld? Kein Thema, schreibe einen anonymen Brief oder eine Karte mit lieben Worten, auch wenn du die Person nicht kennst. Lass dich von der Geistigen Welt inspirieren. Sei großzügig mit allem, was du hast.

Ich höre immer wieder in den Seminaren: »Die Reichen sollten mehr spenden!« Wenn ich dann zurückfrage: »Wann hast du zuletzt gespendet?«, bekomme ich oft zur Antwort: »Ich habe kein Geld!« Doch wir können nicht immer nur von den anderen erwarten, aktiv zu sein, ohne selbst etwas beizutragen. Würde jeder Bürger in der Schweiz auch nur 2 CHF im Jahr spenden, und das wäre allen möglich, so wären das 16 Millionen, in Deutschland gar circa 160 Millionen. Ist das nichts? Es wäre enorm! Jeder kann etwas Gutes tun, auch wenn es nur kleine Beträge sind.

Ich lade auch gern mal Menschen, die betteln, zum Essen ein, das ergibt immer sehr berührende und spannende Gespräche. Oder bezahle mal an der Kasse für die Person hinter dir mit. Vor allem, wenn du merkst, er oder sie hat nur wenig Geld. Ich liebe die überraschten Gesichter und meist werde ich bei solchen Aktionen angeschaut, als wäre ich nicht normal. Aber mein Ziel ist es, glücklich zu sein, nicht normal. Gib mal richtig großzügig Trinkgeld. Falls das nicht möglich ist, lobe die Bedienung, bedanke dich bei einem Arbeiter. Ich hatte kürzlich einen Maler bei mir zu Hause und der hat seine Arbeit wirklich richtig gut gemacht. Ich war so glücklich darüber, dass ich das nicht nur ihm selbst gesagt habe, sondern auch noch seinen Chef angerufen und seinen tollen Mitarbeiter gelobt habe.

Sei immer nett und freundlich, aber nicht falsch! Das ist wichtig. Wenn mir jemand unangenehm kommt, lächle ich nicht und bin nur freundlich, aber ich versuche auch, meine Energiekanäle vor ihm zu verschließen. Ich zeige ihm entweder klar meine Grenzen, ohne zu beleidigen oder in den »Krieg« zu ziehen, oder ich beende die Situation einfach mit einem »Danke für deine Meinung!«, und gehe meinen Weg weiter. Mein Ziel ist es, jedem seine Meinung zu lassen; ich vertrete meinen Standpunkt und meine Wahrheit. Ich erkläre zwar immer, ich kenne die absolute Wahrheit, doch leider ist es nur meine Wahrheit, die für mich absolut stimmig ist, und das heißt nicht, dass meine Wahrheit für dich oder jemand anderen richtig sein muss. Jeder soll seine Wahrheit leben dürfen, diese Toleranz fordere ich auch für mich ein. Ich mag Diskussionen und Gespräche, solange sie konstruktiv sind, doch sobald sie kein Ende nehmen oder nur noch zwei Egos miteinander sprechen, die beide recht haben wollen, stelle ich oft klar: »Ich beende hier unser Gespräch, da ich sehe, dass wir nicht weiterkommen. Wir haben beide in unserer eigenen Wahrheit recht und es lohnt sich heute nicht, die Zeit damit zu vergeuden. Lass uns lieber etwas Konstruktives machen oder reden.«

Zum Schluss noch: Achte auf die Gespräche, die du führst oder die du dir anhörst. Versuche, möglichst wenig destruktive Gespräche zu führen oder dir anzuhören. Das heißt nicht, dass man nicht über Negatives sprechen darf, doch dann sollte es um Tatsachen gehen und nicht um Jammern, Anklagen oder Ähnliches. Wenn etwas Unangenehmes besprochen werden muss, dann halte es kurz und lösungsorientiert. Wir leben nun mal auf der Erde, da ist nicht alles heiter Sonnenschein, aber man muss sich auch nicht stundenlang und immer wieder in destruktive Gespräche verwickeln lassen. Ich versuche bei einem Gespräch immer, das Konstruktive und die Lösung im Blickfeld zu behalten und so wenig wie möglich in den Jammer- und Lästermodus zu fallen.

Du musst auch lernen, Nein zu sagen und Dinge abzulehnen, die du nicht willst. Das ist ein wichtiger Punkt, wie ich finde. So frage ich mich bei jeder Bitte, die an mich herangetragen wird, ob ich das auch wirklich will. Wenn ich in mir drin ein Nein spüre, dann lehne ich ab und begründe das auch ganz klar. Natürlich gibt es Situationen, in denen man um etwas gebeten wird und schlecht Nein sagen kann. Doch in solchen Fällen mache ich mir auch bewusst, warum ich nicht ablehnen kann, also wovor ich mich fürchte, wenn ich Nein sage, welche Konsequenzen mich dabei ängstigen oder verlangen, dass ich Ja sage, obwohl ich es im Grunde lieber nicht machen würde. Dann frage ich mich, wie die Situation sein müsste, damit ich Ja dazu sagen oder keine Ablehnung in mir spüren würde und schlage diese Variante vor. Meistens ist das dann für das Gegenüber gar kein Problem, und das Thema ist für alle Seiten gut gelöst. Und falls ich trotz meiner Ablehnung doch mal aktiv werden muss, dann bin ich mir wenigstens im Klaren darüber, warum ich etwas mache. Je bewusster du mit solchen Situationen umgehst, viele unnötige Dinge mit Nein beantwortest, ein paar zu deinen stimmigen Bedingungen veränderst, und dann noch ein paar machst, weil du im Moment keine andere Wahl siehst, desto mehr wird sich der letzte Punkt massiv reduzieren, und das ist schon mal ein großer Schritt in die richtige Richtung.

Ich habe viele Lebensratgeber gelesen und viele Methoden ausprobiert – hier in diesem Buch habe ich die für mich stimmigsten zusammengetragen. Dabei ist mir eines klar geworden: Kleine Schritte und Veränderungen bringen auf Dauer oft mehr, als alles von heute auf morgen umkrempeln zu wollen. Meist halten wir das nämlich nur ein paar Tage oder Wochen durch, bevor wir lieber wieder in die alten Muster zurückfallen, weil wir zu bequem oder ständig nur damit beschäftigt sind, gut sein zu wollen. Doch da ist auch der unbewusste Subtext: Ich bin noch nicht gut genug. Das stimmt nicht, du bist gut, alles ist perfekt, doch du darfst deinem Leben noch einige positive Zusätze verpassen. Vor allem denke immer daran: Mit einem Lächeln durchs Leben zu gehen – wenn auch manchmal über sich selbst, weil man in alte Fallen oder Muster getappt ist –, ist viel besser, als sich durchbeißen und krampfhaft alles positiv machen zu wollen.

Die Welt als Spiegel und Impuls

»Dein Umfeld ist dein Spiegel!
Ob es dir passt oder nicht!«

Wenn wir uns und unser »Drumherum« aufmerksam beobachten und anschauen, können wir erkennen, welche unserer Anteile noch nicht in Harmonie sind. Früher habe ich mich sehr oft über Menschen und Situationen in meinem Umfeld geärgert und dachte: »Warum gibt es nur so viele komische Leute auf dieser Welt?« Als ich anfing, mein inneres Licht zu entfachen, fiel mir auf, dass ich nur noch wenige destruktive Menschen oder Situationen in meinem Umfeld hatte, beziehungsweise diese sich schnell wandelten, sobald ich in einer guten und stimmigen Verfassung war.

Ich habe natürlich auch oft gelesen und gehört, dass Situationen, die mir in dieser Welt begegnen, mir jeweils einen Spiegel vorhalten, dass jede Begegnung und Situation mir etwas zeigen möchte. So habe ich angefangen, immer wenn etwas besonders schön war, in mich zu fühlen und zu beobachten, ob ich mein Licht wahrnehmen kann. Bald spürte ich auch bei Situationen, die nicht ideal waren, in mich hinein und fragte mich, was nicht stimmt und was ich daraus gerade lernen darf. Vor allem bei regelmäßig wiederkehrenden Gegebenheiten fiel mir auf, dass sowohl ich als auch mein inneres Licht die Situationen im Außen spiegelten. Wenn ich mich lichtvoll fühlte, zog ich auch fast nur lichtvolle Momente und Menschen an, war ich aber nicht so in Balance, dann war es meine Außenwelt auch nicht. Das fand ich enorm spannend und so beobachte ich inzwischen jede Situation in meinem Umfeld und frage mich, was sie jeweils mit mir zu tun hat. Trotzdem ist es manchmal genauso wichtig, nicht jede Kleinigkeit zu analysieren und sich den Kopf darüber zu zerbrechen. Doch wenn du immer ähnlich unangenehme oder natürlich auch schöne Situationen anziehst, dann hat es mit dir zu tun.

Bestimmt hast du schon bemerkt: Je mehr du dich mit spirituellen Themen beschäftigst, desto mehr alte Freunde verschwinden plötzlich aus deinem Leben. Diese Erfahrung, von der mir immer wieder viele berichten, ist am Anfang sehr erschreckend. Doch das ist gut so, lass das Alte gehen, damit Neues in dein Leben kommen kann.

Ich habe mich als Jugendlicher in der Hip-Hop-Szene bewegt, die war nicht gerade geprägt von viel Liebe und frohen, lichtvollen Gesprächen oder Handlungen. Als ich mit meiner Ausbildung begann, habe ich gemerkt, dass ich mich immer unwohler fühlte bei meinen Freunden, den Gesprächen mit ihnen und meiner Freizeitgestaltung. Vieles ergab für mich einfach keinen Sinn mehr. Zuerst dachte ich, dass ich wohl »abgehoben« bin oder mir das Spirituelle nicht guttut, da ich mit meinen Freunden nichts mehr anfangen konnte. Doch dann fühlte ich in mich hinein und fragte mich: »Wo bist du glücklich? In der Ausbildung oder bei deinen Freunden?« Es war klar, ich fühlte mich bei meinen alten Freunden nicht mehr wohl, da mein Licht und ihr Licht einfach nicht mehr in derselben Schwingung waren. Sie fühlten sich natürlich mit mir auch nicht mehr wohl, und so löste ich mich aus dem Kreis.

Hip-Hop war aber weiterhin sehr wichtig für mich und machte mir Freude. Zu Beginn war ich deshalb etwas wehmütig, doch das dauerte nicht sehr lange, denn ich lernte sehr bald Menschen aus der Szene kennen, die spirituelles Gedankengut und eine für mich stimmige Freizeitgestaltung pflegten. Ich denke, Ähnliches hast du auch schon erlebt. Nimm dir einen Moment Zeit und beobachte dein Umfeld, deine Bekannten, deine Freunde, die Situationen, die du immer wieder in dein Leben ziehst. Passt das für dich? Oder hättest du einige gern anders? Schau es einfach mal nur an, vielleicht schreibst du es dir auch auf, vor allem die Situationen, in denen du ein wiederkehrendes Muster erkennst. Diese sind für dich wichtig, denn sie zeigen dir, welche Teile in deinem Leben stimmig oder eben noch nicht so stimmig sind. Die Welt ist wirklich ein Spiegel, aber mache dich nicht verrückt deswegen, das Leben ist auch Veränderung.

Im nächsten Kapitel lernst du, dein Leben neu zu gestalten, und du wirst merken, dass sich der Spiegel im Außen verändert, sobald du dein Licht entzündet hast.

Auf Zeichen achten

»Jeder bekommt klare Zeichen.
Auch du!«

Hier eine weitere Übung, die ich dir erklären möchte, nämlich wie dir dein Geistführer auf deine Fragen Antwort gibt oder wie du von deinem Geistführer Lösungen für Probleme bekommst. Das ist eine sehr einfache Übung, bei der du schnell Erfolge erzielen kannst. Du wirst dabei auch merken: Je stärker du dein Licht entfacht hast, desto erfolgreicher wird diese Übung sein, denn sie ist vom Resultat her sehr abhängig davon, wie deine Gedanken sind und wie schnell du Zeichen erkennen kannst. Viele sagen mir in den Seminaren immer wieder, dass es zum Teil sehr mühsam ist, über den medialen Weg eine Antwort vom Geistführer auf Probleme zu erhalten. Vor allem, wenn es um ein wichtiges Thema geht, man vielleicht viele Sorgen hat und es von daher schwer ist, die Antwort des Geistführers von den eigenen Wünschen und Ängsten zu unterscheiden.

Ich bitte meinen Geistführer in solchen Fällen immer um ein Zeichen von außen – eine Situation, einen Hinweis, etwas, was eine Lösung für mein Thema beinhaltet. Diese Zeichen können zum Beispiel ein Zitat, ein Spruch auf einem Plakat, eine Begegnung mit einem Menschen, ein Zeitungsartikel, ein TV-Beitrag, ein Buch oder auch eine bestimmte Situation sein. Wichtig ist dabei, dass man nicht ins Zweifeln kommt, sondern mit offenen Augen durchs Leben geht. Vor allem aber darf man nicht versuchen, die Zeichen zu manipulieren. Wenn du deinen Geistführer um ein Zeichen bittest, ob du eine Ausbildung zum Heiler machen sollst, dann aber an den nächsten Kiosk läufst, dir eine Esoterik-Zeitschrift kaufst und sagst: »Hier gibt es viele Ausbildungen, vielen Dank für das Zeichen«, so ist das selbstverständlich manipuliert. Wenn du aber unerwartet in einer Tageszeitung darüber liest oder einen Menschen triffst, der eine Ausbildung macht oder einfach ein bisschen besonders ist, handelt es sich um ein Zeichen. Ich arbeite immer mit Zeichen und es ist unglaublich, wie schnell es geht, meist dauert es nur ein paar Stunden, selten länger als zwei Tage. Doch ich bin natürlich inzwischen auch gewöhnt, Zeichen zu erkennen und ihnen zu vertrauen. Oft machen wir am Anfang den Fehler, jedes Zeichen zu hinterfragen. Du wirst aber merken, je mehr dein Licht strahlt, desto klarer und schneller kannst du Zeichen erkennen.

Es gibt da verrückte Geschichten. Eine, die ich erlebt habe und die zeigt, wie schnell es gehen kann, möchte ich hier erzählen: Meine Freundin kam eines Nachmittags mit dem Wunsch zu mir, umziehen zu wollen. Das hatte diverse Gründe, die ich auch nachvollziehen konnte, und ich hatte auch nichts gegen einen Umzug. Ich bin aber immer sehr ungeduldig und mag keine Wohnungen suchen. So sagte ich ihr einfach: »Ich kümmere mich darum.« Doch sie ist auch nicht gerade mit Geduld gesegnet und bat mich, es nicht aufzuschieben, sondern mich sofort darum zu kümmern. Ich lachte und entgegnete: »Das habe ich bereits! Bis zum Abend werde ich mehr wissen.« Sie glaubte mir natürlich nicht, schaute mich nur komisch an und meinte: »Äh, du musst in zwei Stunden zur Arbeit, und wie willst du das gemacht haben? Ich habe dich gerade darum gebeten, und 30 Sekunden später sagst du, du hättest dich darum gekümmert. Lass uns lieber im Internet nachschauen.« »Nein«, widersprach ich, »ich entspanne mich jetzt vor der Arbeit, ich habe mich darum gekümmert. Wenn du willst, dann schau du im Internet.«

Sie war nicht gerade begeistert, aber ich entspannte mich, denn ich lasse Situationen wie diese lieber auf mich zukommen. Kurz bevor ich zur Arbeit fuhr, erkundigte ich mich, ob sie im Internet fündig geworden sei, doch dem war nicht so. »Ich komme bald wieder heim und dann weiß ich mehr.« Ein genervtes »Ja, klar!« und ein Augenrollen begleiteten die Sätze. Ich fuhr los, zehn Minuten später war ich beim Center und wollte auf meinen Parkplatz, doch dort stand bereits ein Auto. Also stieg ich aus und schaute mir das Auto an – Immobilienbüro XY stand darauf. Ich nahm mein Handy und rief an: »Ja, hallo, hier ist Voggenhuber, Sie stehen auf meinem Parkplatz!« »Oh, entschuldigen Sie, ich komme gleich!« »Hmm, das müssen Sie vielleicht gar nicht, ich suche eine Wohnung, die sollte so und so sein, in etwa so viel kosten und im Raum von Sissach liegen! Haben Sie so etwas? Wenn ja, und ich die Wohnung bekomme, dürfen Sie stehen bleiben, andernfalls müssen Sie jetzt kommen und wegfahren!« »Wie bitte? Ja, genau heute haben wir ein solches Angebot reinbekommen. Sie sind ja schräg drauf!« »Ja, das stimmt, ich bin schräg, aber Sie dürfen stehen bleiben. Ich komme morgen um 14 Uhr vorbei und schaue mir die Wohnung an. Wenn sie uns gefällt, dann bekomme ich sie. Deal ist Deal. Schönen Abend!« Es kam nur noch ein verdutztes »Schönen Abend« zurück.

Daraufhin rief ich meine Freundin an, etwa 15 Minuten nachdem ich von zu Hause weggefahren war, und meinte: »Schatz, ich habe unsere Wohnung. Morgen können wir sie noch anschauen, aber ich weiß, sie wird passen.« »Wie hast du jetzt das gemacht? Die Frage ist, ob wir sie bekommen. Und ob sie uns gefällt!« »Ach, mach dir keine Sorgen, mein Geistführer gab mir ein Zeichen und es wird alles passen. Bis bald!« Natürlich war die Wohnung perfekt und wir bekamen sie auch. Der Makler musste oft über mich lachen und sagte: »Das war das schrägste Telefonat, das ich je geführt habe, ich war sehr gespannt darauf, wer hinter diesem Anruf steckte.«

Dieses Beispiel zeigt deutlich, dass Zeichen überall sein können. Wir müssen sie nur erkennen und ihnen vertrauen.

Kreiere eine lichtvolle Persönlichkeit und einen Missing Link

»Es gibt nur einen Haken: Die Übung ist so einfach, dass die meisten ihren Wert nicht erkennen und deshalb immer wieder denken, das könne sowieso nicht funktionieren.«

Aber wie können wir jetzt unser inneres Licht zum Leuchten bringen? Wie können wir das schaffen, ohne ständig an irgendetwas zu denken, ohne in der Angst zu leben, etwas falsch zu machen, und ohne dass wir jeden Mangel, jedes Muster oder jede Blockade von uns erkennen und transformieren müssen? Denn das Leben ist zu schön, um unsere Zeit damit zu verschwenden, ständig nach unseren Mustern und Blockaden zu suchen oder allem Negativen aus dem Weg zu gehen. Sonst richten wir den Fokus nur auf das Destruktive und das Leben wäre damit bestimmt nicht mehr so lebenswert. Doch oft passiert genau das, wenn wir beginnen, an uns zu »arbeiten«: Wir sind fokussiert darauf, besser zu werden, uns zu verändern, und dann ist die Hauptenergie nicht auf dem Positiven und Lichtvollen. Ich habe wirklich vieles ausprobiert und mir genau angeschaut und ich weiß, mit all dem, was ich vorher geschrieben habe, wirst du sehr weit kommen. Trotzdem fiel mir immer wieder auf, es muss da einen »Missing Link« geben, etwas, das nicht verraten wird oder etwas, was die meisten Erfolgscoaches selbst noch nicht entdeckt haben. Vielleicht tue ich ihnen auch unrecht, vielleicht habe ich es einfach nicht verstanden, doch ich wollte für mich eine Methode, die einfach, simpel und effektiv ist. Das Leben ist einfach zu schön, als dass ich zu viel Zeit damit verlieren möchte, ständig an mir zu arbeiten.

Mittlerweile habe ich für mich eine Methode gefunden, die genau das bietet, was ich mir immer gewünscht habe, und ich habe sie mit vielen Klienten und Seminarteilnehmern mit großem Erfolg ausprobiert. Ich entdeckte diese Methode eher zufällig, und zwar schon bevor ich als Medium arbeitete und viel Ahnung vom Resonanzgesetz und solchen Dingen hatte. Aber in den letzten Jahren habe ich die Methode immer wieder überarbeitet und weiterentwickelt und heute gebe ich sie das erste Mal in einem Buch weiter. In meinen Seminaren vermittle ich sie schon länger und für mich ist es faszinierend, wie stark sich das Licht derjenigen Menschen verändert, die sie umsetzen. Es gibt nur einen Haken daran: Die Übung ist so einfach, dass die meisten ihren Wert nicht erkennen und deshalb immer wieder denken, das könne sowieso nicht funktionieren. Ich denke, das ist eins der Hauptprobleme der Menschen: Wir betrachten oft nur das als effektiv, was schwer ist und lange dauert. Ich war da immer schon anders, ich liebe Effektivität und Dinge, die dennoch wirkungsvoll sind. Probiere die Methode einfach für drei Monate aus, du wirst weder viel Zeit verlieren, noch wirklich viel Arbeit haben. Ändert sich nichts, dann lebe so weiter wie bisher oder suche eine neue Methode, die für dich stimmt und dir hilft.

Obschon ich selbst absolut überzeugt davon bin, so bin ich mir darüber im Klaren, dass das nicht die einzige Wahrheit ist, sondern es so viele Wahrheiten gibt wie Menschen. Doch ich weiß aus eigener Erfahrung, dass sie funktioniert, jedenfalls für mich und auch für viele meiner Kursteilnehmer. Gib dir und deinem inneren Licht drei Monate Zeit, um eine neue Erfahrung zu machen. Versuche, die vorhergehenden Kapitel so gut es geht mit der hier vorgestellten Übung zu verbinden, und ich freue mich schon, dich bei all denen begrüßen zu dürfen, die nicht nur das Licht in sich tragen, sondern es auch entzündet haben.

Es ist schon fast 15 Jahre her, dass ich auf diese Methode gestoßen bin. Damals arbeitete ich noch nicht als Medium, ich hatte gerade erst mit der Ausbildung angefangen, mein Hauptberuf war damals Schauspieler, beziehungsweise war ich noch an der Schauspielschule, nebenher arbeitete ich in einem Esoterikladen und hatte zudem ein eigenes Geschäft. Ich war gerade zu Dreharbeiten für einen Low-Budget Kinofilm in Deutschland und hatte eine der Hauptrollen. In diesem Film spielte ich einen typischen Looser, alles lief schief in seinem Leben, er hatte mehrere Selbstmordversuche hinter sich, verlor seine Freundin, seinen Job und auch sonst alles.

Die Schauspielkunst wird oft falsch verstanden: Im Grunde spielt man keine Rolle, sondern lebt sie. Meine

Schauspiellehrer haben mir oft gesagt, als ich den Romeo in *Romeo und Julia* spielte: »Ein normaler Mensch spielt, dass er Julia liebt, ein richtiger Schauspieler liebt Julia für die zwei Stunden auf der Bühne wirklich.« Das ist aus meiner Sicht oft der Unterschied zwischen Profi-Schauspielern und Laien; der Profi hat die echten Gefühle zu der Rolle, der Laie spielt die Gefühle nach.

Ich beschäftigte mich schon vor dem Dreh intensiv mit der Rolle, studierte sie und erfand auch viele Dinge, die nicht im Drehbuch standen. Zum Beispiel begann der Film, als Roland, so hieß derjenige, dessen Rolle ich spielte, ungefähr 20 Jahre alt war. Ich überlegte mir aber auch, wie Roland vorher gelebt hat und welche Erlebnisse ihn prägten, obwohl das nie im Drehbuch oder im Film vorkam. Doch nur so konnte ich verstehen, warum Roland heute so ist, wie er ist. Denn wir alle sind ein »Produkt« unserer Vergangenheit. So wie du heute bist, bist du nur, weil deine Vergangenheit so war, wie sie war, und wäre sie anders gewesen, wärst du heute auch anders.

Wenn ich als Schauspieler Roland nicht nur spielen wollte, sondern ihn auch empfinden und so fühlen wie er, musste ich verstehen, was er vorher erlebt hat. Er war zudem noch manisch depressiv, dieses Krankheitsbild kannte ich nicht, also las ich viel darüber und recherchierte in Foren, damit ich es nachvollziehen konnte. Beim Drehen waren wir fast 16 Stunden in der Rolle, da das Budget extrem gering war, wollten wir so viel wie möglich an einem Tag schaffen. Während des Drehs wohnten wir ähnlich wie im Film, sodass es uns leichter fiel, in der Rolle zu bleiben.

Nach ein paar Wochen merkte ich, dass ich auf einmal depressive Züge bekam und mich nicht mehr so fühlte, wie ich mich sonst fühle. Ich schob es anfangs auf meinen übermüdeten Zustand, und doch konnte ich es mir nicht wirklich erklären, da ich gerade eine wunderbare Zeit verbrachte. Mit Dreharbeiten, Hauptrolle und tollen Menschen um mich herum ergab es nicht wirklich Sinn, dass ich immer trauriger wurde. Doch mit jedem weiteren Tag lief mein Privatleben immer mehr aus der Bahn; so rief mich eines Tages meine Partnerin von zu Hause an und trennte sich von mir. Und zwar genau an dem Tag, an dem wir im Film die Trennung zwischen Roland und seiner Freundin drehten. Spannend war für mich, dass meine richtige Freundin fast dieselben Worte und Sätze gebrauchte wie Rolands Freundin. Das wurde mir aber erst am Abend so richtig bewusst. Außerdem rief mich noch mein Chef vom Esoterikladen an, in dem ich als Aushilfe arbeitete. Er erzählte mir, dass die Umsätze massiv sanken und er mir sofort kündigen müsse, da er mich nicht mehr bezahlen könne. Aber wenn ich von dort die Einnahmen nicht mehr hatte, würde ich auch meinen eigenen Esoterikladen nicht mehr halten können. Es war ein ziemlich schlimmer Tag für mich. Ich wusste, wenn ich heimkomme, habe ich keinen Job und keine Freundin mehr, und mein Geschäft würde ich auch aufgeben müssen.

Wenigstens lief der Drehtag ganz gut. Weil ich mir an diesem Tag keine Mühe geben musste, um in die Rolle zu kommen, erlebte ich fast alles genau so, wie Roland es im Film erlebte. Als ich an diesem Abend im Badezimmer vor dem Spiegel stand und meine Zähne putzte, schaute ich mir meine Aura an und war erschrocken über das, was ich sah: Meine Aura hatte sich komplett verändert, sie hatte die Züge eines depressiven Menschen angenommen, und zwar nicht nur in den Teilen, die sich kurzfristig verändern, sondern meine gesamte Aura war so, wie ich mir die Aura von Roland vorgestellt hätte. Innerhalb weniger Wochen waren mein Leuchten, meine Ausstrahlung verschwunden.

Mir wurde auf einmal bewusst, was hier vor sich ging. Nur weil ich Roland so echt wie möglich spielen wollte, weil ich ihn leben wollte, nahm ich die Züge, die Aura und die Ausstrahlung von Roland an. Meine Aura veränderte sich so stark, dass ich nicht mehr meine Resonanz ins Leben zog, sondern die von Roland, einer Rolle, die ich im Grunde nur spielte.

Ich war zuerst geschockt und verwirrt und ich hatte Angst. Doch dann fühlte ich meinen Geistführer, der mir sagte: »Du weißt, wie du an diesen Punkt gelangt bist, jetzt weißt du auch, wie du hier wieder herauskommst. Du kannst jetzt dein Leben komplett verändern, so wie du es willst und für richtig hältst, denn du weißt, wie du dein Leuchten verloren hast. Aber du weißt nun genauso, wie du dein Licht wieder zum Strahlen bringen kannst.

Und noch viel mehr: Du weißt jetzt, wie du dein Leben aktiv selbst in die Hand nehmen kannst und Schöpfer deiner selbst und deines Lebens wirst.«

Er hatte recht, an diesem Abend ergab für mich auf einmal alles Sinn und ich merkte erst Jahre später, dass wohl genau das der Missing Link ist. Also setzte ich mich nach dem Zähneputzen auf mein Bett und begann, Pascal Voggenhuber neu zu erfinden. Ich überlegte, wie ich es mir sonst bei den Rollen überlegte: Wer ist dieser Pascal Voggenhuber, wie müsste er sein, wenn er sein Licht entzündet hat, wenn er erfolgreich wäre? Ich fragte mich: Wie würde ich gern sein? Wie würde ich gern leben? Wie würde ich gern von anderen wahrgenommen werden? Was macht mich glücklich? Wie wäre mein Charakter? Welche Eigenschaften würde ich gern leben? Ich schrieb alles auf, oft hörte ich meinen inneren Kritiker: »Das geht nicht, weil deine Mutter, Freundin, Freunde, Lehrer, Umstände ... erwarten etwas anderes.« Ich stellte fest, dass ich vieles nicht lebte, weil es andere nicht wollten, oder weil ich dachte, wenn ich dieses oder jenes mache, dann werde ich vielleicht nicht akzeptiert oder nicht geliebt. Ich schrieb aber alles auf, ohne mir darüber den Kopf zu zerbrechen, denn es war ja zunächst nur ein Rollenprofil von Pascal Voggenhuber, der sein Licht entzündet hat.

Zudem fragte ich mich, was Erfolg für mich bedeutet. Schnell war mir klar, dass ich bei dem Wort Erfolg immer an Geld dachte, und somit: kein Geld, kein Erfolg. Ich stellte fest, dass immer, wenn mich jemand nach meinem

Geschäft fragte (ich war größtenteils selbstständig), mein Fokus sofort auf das Geld gerichtet war. War auf dem Bankauszug ein Plus, war ich erfolgreich, aber da mein Konto zu der Zeit eher im Minus war, fühlte ich mich nicht erfolgreich. Doch als ich es mir so recht überlegte, war Geld nur ein kleiner Teil dessen, was für mich einen erfolgreichen Menschen ausmacht. Ich entdeckte für mich plötzlich, ein erfolgreicher Mensch ist viel mehr als nur die Summe auf seinem Bankkonto. Ein wirklich erfolgreicher Mensch hat auch eine enorme positive Ausstrahlung, ist gesund, pflegt harmonische Beziehungen zu Mitmenschen, Partnern, Freunden, er lebt seine Berufung, hat Spaß im Leben, kann Liebe empfinden und mit anderen teilen, hat Zeit für sich selbst, ist erfüllt vom Leben, hilfsbereit, ohne sich ausgenützt zu fühlen, ist optimistisch, liebevoll zu sich und seinen Mitmenschen, ist unterstützend und fördernd und hat die Freiheit, sein Leben so zu gestalten, wie er es für richtig empfindet und wie es ihn erfüllt. Alles, was ich da neu entdeckte, brachte ich zu Papier.

Ich fordere dich jetzt auch auf, deine Notizen, die du während des Lesens dieses Buches schon gemacht hast, nochmals hervorzuholen und dazu einen neuen Block, auf den du schreibst: »Der erfolgreiche XY, der sein Licht entzündet hat.« Jetzt notierst du dir alles, was dir für deine Rolle in der Zukunft einfällt, nimm deine Notizen als Hilfe, vieles hast du vorher schon definiert, und erweitere deine neue Rolle. Schreibe so viel wie möglich und erfinde dich neu. Mache dir keinen Stress, du kannst deine neue Rolle jeden Tag erweitern, Dinge streichen, verändern und hinzufügen; deine neue, lichtvolle, erfolgreiche Identität wird sich immer entwickeln und verändern. Als Inspiration kannst du auch Schauspieler nehmen, Filmrollen, Dichter, Personen, die du kennst oder einfach Menschen, die du bewunderst. Achte auf die Eigenschaften, die dir gefallen, die für dich diese Person so anziehend machen, und schreibe dir diese Eigenschaften auch in dein Rollenprofil. Damals notierte ich Dinge, die für mich heute nicht mehr wichtig sind oder die ich heute anders sehe. Mein Rollenprofil ist heute komplett überarbeitet und in vielen Bereichen ein anderes, doch damals war es für mich stimmig, und nur das ist entscheidend. Nimm dir mindestens eine Stunde Zeit, um deine lichtvolle Persönlichkeit zu kreieren, und lese erst dann weiter.

Also, solltest du jetzt weiterlesen, dann hoffentlich nur, wenn du dir vorher Zeit genommen und alles aufgeschrieben hast.

Nun, wie ging es weiter? Als ich fertig war, meldete sich sofort wieder mein innerer Kritiker: »Das ist nur eine Rolle, willst du jetzt allen etwas vorspielen? Willst du jetzt dein Leben lang eine Rolle spielen? Wie dämlich bist du eigentlich?« Doch sofort kam mein Geistführer und meinte: »Lass dich nicht irritieren. Da du dir wirklich Gedanken gemacht hast, wie du gern wärst, was für dich wichtig ist, welches deine Wünsche und deine Ziele sind, bist du viel echter, als wenn du dein Leben nach den Umständen und Wünschen der Umwelt leben würdest, oder dich einfach »unbewusst« durchs Leben lebst. Es ist keine Rolle, du wirst vielmehr immer echter werden und immer mehr deine Bedürfnisse und Wünsche leben.«

Eine Zeit lang machte ich mir darüber noch Gedanken und kam zu dem Entschluss, dass es richtig ist, dass ich so viel mehr mein Leben lebte und viel echter bin, als wenn ich es nicht tun würde. Ich fühlte, dass ich durch diese Übung der »Kapitän« und der Schöpfer meines Lebens werde und aus der »Opferrolle« ausbrechen konnte.

Dann spürte ich in mich hinein und stellte mir die Frage, ob ich erfolgreich bin und mein inneres Licht, so wie ich jetzt gerade lebe, brennt. Ich bitte auch dich, kurz innezuhalten, einmal in dich hineinzuspüren und dich zu fragen, ob du dich so, wie du jetzt gerade bist, erfolgreich und leuchtend findest. Achte darauf, wie sich dein Körper anfühlt. Nimm dir dafür zwei bis drei Minuten Zeit und spüre wirklich in dich hinein. Mache diese Übung nicht nur gedanklich, sondern achte wirklich auf deine Gefühle. Dann stelle dir vor, du lebst deine neue Rolle, so wie du sie für dich definiert hast. Frage dich selbst: Wie fühle ich mich, wenn ich erfolgreich bin und mein Licht in mir brennt? Achte darauf, was sich in deinem Körper verändert, wie sich dein Körper bewegen möchte und wie du dich fühlst. Verbleibe in dem Gefühl so zwei bis drei Minuten.

Wenn du die Übung richtig gemacht und wirklich gefühlt hast, wirst du auf Brusthöhe an der Wirbelsäule ein kleines Aufrichten gespürt haben. Es ist oft nur eine minimale Bewegung, aber du wirst dich aufgerichteter fühlen und hattest vielleicht auch das Bedürfnis, deinen Körper auszudehnen.

Das ist das, was ich an diesem Abend entdeckt habe. Später habe ich noch herausgefunden, dass allein diese Übung deine Aura zum Ausdehnen bringt. Wer sich also regelmäßig in diesem Zustand befindet, dessen Aura wird sich ausdehnen und breiter werden. Man kennt das von Menschen, über die man sagt, sie hätten eine spezielle Aura oder besonders viel Energie. Bei späteren Beobachtungen fiel mir auf, dass kranke, ängstliche, depressive oder »disharmonische« Menschen eine viel weniger ausgedehnte Aura haben als Menschen, denen es gut geht. Dass dieses kleine Aufrichten schon eine so enorme Wirkung auf unsere Aura und damit auf unsere Resonanz, Ausstrahlung, Anziehungskraft und am Ende auch auf unsere Gesundheit und unseren Erfolg hat, finde ich äußerst faszinierend. Da alles im Leben eine »Energieform« ist und wir wissen, dass Energien sich immer anziehen, muss folglich, je mehr Energie du hast, im positiven Sinne auch mehr Energie zurückfließen. Das ist eine Gesetzmäßigkeit, die wir nicht umgehen, aber positiv für uns nutzen können.

Doch an besagtem Abend habe ich dann nicht mehr viel gemacht, ich wusste ja, dass ich in zwei Stunden schon wieder aufstehen musste und einen ganzen Drehtag vor mir hatte. Somit legte ich mich ins Bett, und am

Morgen, als mein Wecker mich aus dem Schlaf riss, habe ich mich als Erstes gefragt, wie der neue Pascal mit seinem brennenden inneren Licht aufstehen würde. Ich spürte wieder die Veränderung an meinem Rücken und bemerkte auch, dass ich nicht nur die Bettdecke viel bewusster auf die Seite schob, sondern überhaupt alle Handlungen viel bewusster machte. Natürlich war das am Anfang leicht übertrieben, aber das spielt keine Rolle, denn vor allem nahm ich wahr, dass sich mein Körper anders bewegen wollte als lichtvoller, erfolgreicher Mensch. Anschließend ging ich ins Badezimmer, duschte und nahm auch hier wahr, dass ich meinen Körper nun viel bewusster reinigte. Ich ging viel liebevoller mit mir und meinem Körper um, vorher war es einfach ein schneller Prozess, der zum Pflichtprogramm gehörte.

Dann bemerkte ich, dass ich noch keine Zigarette geraucht hatte. Früher bestanden meine ersten Handlungen darin, dass ich mir eine Kippe in den Mund steckte, mich ins Badezimmer schleppte, den Po unter die Dusche streckte und vorne rausrauchte. Naja, wenn ich heute so darüber nachdenke, finde ich es schlimm, doch damals war es einfach so.

Später trottete ich zu den Schauspielkollegen in die Küche, grüßte kaum, weil ich todmüde war und keine Lust auf Gespräche hatte. In der Küche lautete die Devise: die zweite Kippe in den Mund, schnell Kaffee in die Tasse, Butter aufs Brot, Konfitüre oben drauf, zusammenklappen, und dann abwechslungsweise Kaffee trinken, essen, rauchen, und das alles auf dem Weg zum Teambus für den Dreh. Doch an diesem Morgen ging ich als neuer Mensch bereits viel bewusster die Treppe hinunter, grüßte alle und erntete dabei viele verwunderte Blicke – vor allem, weil ich jedem in die Augen schaute und beim Guten-Morgen-Sagen auch die Namen der einzelnen Kollegen nannte. Ehrlich gesagt war ich selbst überrascht, dass meine neue Einstellung und mein neues Verhältnis zu mir selbst anscheinend schon eine Wirkung auf mein Umfeld hatten. Beim Kaffee angekommen, fragte ich mich wieder: »Wie würde ein erfolgreicher, leuchtender Mensch den Kaffee einschenken?« Ich spürte nach, ob ich das Gefühl noch in mir hatte, und als ich sicher war, bemerkte ich auch hier, dass ich nicht nur meinen Kaffee viel bewusster einschenkte, sondern auch mein Toastbrot mit »Liebe« zubereitete. Ich setzte mich zu meiner Schauspielkollegin, die im Film meine Freundin war, an den Tisch und sie schaute mich an und meinte: »Heute strahlst du ja wieder richtig, du siehst irgendwie besser aus als je zuvor.« Ich schmunzelte: »Ja, Baby, ich bin über Nacht verdammt erfolgreich geworden.« Wir mussten beide lachen, sie wusste nicht, dass ich es ernst meinte und, ich gebe es zu, ich übertrieb noch sehr, was meine neue Rolle anbelangte.

Dann klingelte mein Handy und meine Freundin, beziehungsweise meine Exfreundin war am Telefon: »Es tut mir leid, irgendwie hatte ich gestern voll den Durchhänger. In der Nacht wurde mir bewusst, dass ich dich nicht verlieren möchte!« Ich reagierte in meiner neuen Rolle und meinte: »Kein Problem, es ist alles gut, danke. Du hast mich wieder, weil ich auch wieder ich bin.« Ich weiß nicht, ob sie meinen Satz wirklich verstanden hat.

Als ich in den Teambus kam, wo ich erst einmal alle begrüßte – natürlich als leuchtender Pascal – trat der Regisseur auf mich zu und meinte: »Komm mal schnell mit.« Er nahm mich auf die Seite und meinte: »Ich habe gerade zwei Angebote bekommen, zum einen für einen weiteren Film und zum anderen für eine Werbung. Gern würde ich dir in beidem eine Rolle geben. Im Film wäre es sogar die Hauptrolle, und das ist kein Low-Budget Film, sondern ein richtig gut bezahltes Projekt. Könntest du dir das vorstellen?« Wieder machte ich mir zuerst bewusst, wie der neue Pascal reagieren würde, und meinte dann: »Klar, gern. Und vielen Dank, dass du an mich gedacht hast.« Ich spürte zwar, dass ich nicht groß andere Worte verwendete, aber meine Energie war eine andere.

An diesem Tag hat sich mein Leben komplett verändert. Obwohl mein Geschäft zu Hause wirklich pleiteging, hatte ich doch zwei Top-Angebote, die mich vor finanziellen Schwierigkeiten bewahrten. Mit meiner neuen Energie überlegte ich auch, was ich nun mit meinem Laden und vor allem mit den ganzen Produkten, die ich noch auf Lager hatte, machen konnte. Ich entschied mich dafür, mein Geschäft zu Hause aufzugeben und die Produkte übers Internet online zu verkaufen. Das war sehr erfolgreich, und zudem war ich unabhängig vom Arbeitsort, konnte nebenher drehen, und während ich drehte, trafen die Bestellungen ein. So konnte ich doppelt verdienen in derselben Zeit.

Seit diesem Tag mache ich täglich diese Übung. Manchmal falle ich noch in die Opferrolle, aber ich merke es immer schneller und halte dann in solchen Fällen einen Moment lang inne. Doch das Wichtigste ist: Ich muss mich nicht wirklich anstrengen oder besondere Übungen durchführen. Im Grunde erledige ich die alltäglichen Aufgaben wie immer, nur frage ich mich zwischendurch, ob ich noch leuchte und meine Haltung noch stimmt. Ich verrichte all die kleinen Handlungen, wie eben Kaffee einschenken, trinken, essen, reden, arbeiten, Zähne putzen, duschen, den Hund spazieren führen … wie sonst auch – nur eben mit dem Gefühl, erfolgreich und leuchtend zu sein. Dadurch, dass ich für mich die »Rolle« erfolgreich und leuchtend definiert habe, was es für mich bedeutet und wie ich gerne sein möchte, fällte es mir sehr leicht. Doch ich konzentriere mich nicht auf einzelne Dinge, die ich ändern oder haben möchte – in meiner definierten Rolle habe ich das alles schon. Ich muss mich nur in meinem Alltag ab und an, aber immer weniger, daran erinnern, wie ich als erfolgreiche, leuchtende Person handeln würde. Vor allem in Konfliktsituationen merke ich, dass ich manchmal in mein altes Opferdasein zurückverfalle. Doch immer, wenn es mir auffällt, halte ich kurz inne und frage mich: »Wie würde der erfolgreiche Pascal in dieser oder jener Situation reagieren?« Dann merke ich sofort, dass ich ruhiger werde, sachlicher, sicherer, fairer und liebevoller, aber dennoch klar und deutlich meine Ziele und Wünsche formulieren kann, und nicht oder kaum zu Dingen Ja sage, zu denen ich gerne Nein sagen würde.

Für mich ist diese Übung wirklich der Missing Link zum Abschluss dieses Buches, vor allem weil sie so einfach ist und ich sie jederzeit ohne großen Aufwand anwenden kann. Ich muss nur bewusst durchs Leben gehen. Am Anfang ist es schwer, man vergisst oft die neue Rolle, aber je mehr du dich daran erinnerst, desto mehr wirst du eins mit deiner wahren Persönlichkeit, und du wirst natürlich durch dein neues Energiefeld automatisch so viele positive Menschen und Umstände in dein Leben ziehen, dass es dir auch immer leichter fallen wird, dein wahres Ich zu leben. Dann erkennst du, wer du wirklich bist, und dass du vorher im Grunde nur eine Rolle gespielt hast – meistens die Rolle eines Opfers.

Schlusswort und Ende mit den Ausreden

*»Doch glaube mir,
ist der erste Schritt erst gemacht, dann fällt
der zweite schon viel leichter.«*

Nun ist unsere gemeinsame Reise durch dieses Buch zu Ende, vielen Dank, dass du bis hierher gelesen hast. Hoffentlich konntest du für dich einige neue Erkenntnisse daraus ziehen. Ich bin absolut davon überzeugt, dass du vieles schon gekannt und du ein enormes Wissen darüber hast. Doch wie ich schon einmal angedeutet habe: Versuche, es nicht bei diesem theoretischen Wissen zu belassen, sondern wende dein Wissen an, auch wenn es am Anfang vielleicht schwer ist oder nicht sofort zu dem gewünschten Ergebnis führt. Praktiziere es weiter. Wissen ist nur dann etwas wert, wenn man es anwendet, ansonsten bringt es aus meiner Sicht nichts. Ich empfehle dir, alles mindestens drei Monate auszuprobieren, und erst wenn du dann keine Veränderung spürst, es wieder sein zu lassen. Doch beurteile die Übungen und das Buch erst, wenn du auch alles angewendet hast. Ich bin mir ziemlich sicher, dass ich dich dann willkommen heißen kann bei den Menschen, die ihr Licht entzündet haben. Wir alle tragen das Licht in uns, wir alle können Schöpfer werden, doch nicht jeder wendet es an. Gehöre du nicht zu denen, die viele Ausreden haben, warum etwas nicht geht und warum du nicht zum Schöpfer werden kannst. Gehöre zu denjenigen, die es anwenden und leben. Ich glaube an dich! Du auch?

Mir hat es sehr viel Freude bereitet, dieses Buch zu schreiben, und ich danke dir, dass du es in Händen hältst. Am Anfang war dieses Buch ganz anders geplant, doch ich bin dankbar, dass es jetzt so ist, wie es ist, und wünsche mir, dass du viel für dich herausziehen kannst. Ich weiß, vieles von dem, was ich hier schreibe, ist nicht einfach – oder jedenfalls hat man am Anfang das Gefühl, es sei schwer oder nicht lösbar. Doch glaube mir, ist der erste Schritt erst gemacht, dann ist der zweite schon viel leichter. Wir werden alle mal wieder einen Schritt zurücktreten müssen, aber dann heißt es innehalten, kurz überlegen und sich fragen: »Wie würde ich es angehen als erfolgreiche, leuchtende Person?« Dann fühle die Energie und gehe weiter.

Erfolgreiche Menschen haben nicht weniger Misserfolg, sie gehen nur anders damit um. Sie erkennen, wie etwas nicht funktioniert und richten ihr Augenmerk dann auf die Lösung. Die weniger Erfolgreichen geben bei einem Misserfolg sofort auf. Thomas Alva Edison, der Erfinder der Glühbirne, ist für mich ein Vorbild: Er musste 10 000 Misserfolge einstecken, bevor er die Glühlampe erfunden hatte, doch so nahm er es nicht wahr. Er sah 10 000 Möglichkeiten, wie es nicht funktionierte, und sagte immer: »Jetzt muss ich nur noch den Weg finden, wie es funktioniert!« Wir wissen, dass es geklappt hat, sonst hätten wir nie Glühlampen kennengelernt. Wenn ich einen Umstand habe, der mir nicht gefällt, frage ich mich auch oft: »Gibt es einen Menschen auf der Welt, der die Lösung dafür gefunden hat?« Und wenn es jemanden gibt, der es geschafft hat, dann weiß ich, dass ich es auch schaffen kann. Solltest du wirklich mal ein Problem haben, bei dem du niemanden findest, der es vor dir gelöst hat, dann mache dir bewusst, du kannst der Erste sein, der es schafft, und für viele Menschen ein leuchtendes Vorbild werden. Doch egal wer du bist, was du schon gemacht hast und was du noch tun wirst: Glaube mir, du bist wichtig. Jeder Einzelne ist enorm wichtig, nicht nur die, die man aus den Medien kennt und die Großes geleistet haben. Nein, jeder von uns.

Da fällt mir gerade ein Gespräch mit einer guten Freundin ein. Sie sagte mir damals: »Ich finde es so schön, was du machst, du hilfst so vielen Menschen. Das würde ich mir auch wünschen, aber mich kennt niemand und mir hört niemand zu!« Ich schaute sie an und meinte: »Bist du nicht die von uns beiden, die freiwillig und kostenlos ein bis zwei Mal die Woche ins Krankenhaus fährt und Menschen besucht, die niemanden haben? Bist du nicht die, die den Kranken ein Lächeln auf die Lippen zaubert und ihnen zuhört? Bist du nicht die, die das ganz bescheiden macht, ohne dabei Lob und Anerkennung zu erwarten? Ich bin es nicht! Also musst du es sein! Ich glaube, dass dein Engagement mindestens genauso wertvoll ist wie meines, wenn nicht wertvoller!«

Wir alle sollten erkennen, dass wir in unserem Leben unendlich viele Möglichkeiten haben, einen kleinen Dienst zu tun, und oft sind die kleinen, liebevollen Dienste mehr wert als die großen. Auch hier halte ich es wie beim Spenden: Hör auf, von anderen etwas zu erwarten und beginne selbst, kleine Dinge zu tun. Denn viele kleine Dinge ergeben am Schluss viel mehr, als wenn einer allein versucht, etwas Großes auf die Beine zu stellen. Du bist wichtig und du kannst leuchten, egal was und wer du bist! Es braucht genau dich! Hören wir auf mit den Ausreden, hören wir auf mit dem Mangelbewusstsein und hören wir auf, uns selbst schlecht zu machen. Keiner ist besser oder größer, erkenne das! Beginne, dich selbst zu lieben und zu akzeptieren, so wie du bist, dann, und erst dann, wirst du auch andere lieben können und so akzeptieren, wie sie sind.

Aus meiner Sicht ist es wichtig, dass wir bei uns selbst beginnen, denn wer sich selbst nicht liebt und anerkennt, kann auch niemand anderen anerkennen und lieben. Und falls er dennoch das Gefühl hat, dann ist es leider nur eine Illusion. Eine Illusion deshalb, weil dann die Liebe zu einem anderen an Bedingungen und Gründe gebunden ist, wie derjenige sein oder sich verhalten muss, damit ich ihn lieben und anerkennen kann. Bist du in Liebe zu dir selbst, wirst du feststellen, du liebst um der Liebe willen und nicht, weil jemand so ist, wie du möchtest oder etwas so macht, wie du es gern hättest.

Schon vor ein paar Jahren, als ich begonnen habe, Medien und Geistheiler auszubilden, sagten meine Geistführer mir sehr bald: »Es ist gut, was du machst, du willst gute Medien und Heiler ausbilden. Sie sind vom Handwerk her auch gut, aber sie sind oft unglücklich und keine Schöpfer, sie leuchten nicht. Wir wollen keine Botschafter, die nicht leuchten, das sind keine Vorbilder. Zeige lieber den Menschen, wie sie ihr inneres Licht entzünden, wie sie ihr wahres Potenzial leben können. Wir brauchen viele kleine Botschafter im ›normalen‹ Leben, Botschafter, die leuchten, die Vorbild sind, dann wird sich die Welt verändern. All die vielen kleinen sind tausendmal wichtiger als ein großer ›Guru‹!« Erkennst du jetzt, wie wichtig du bist? Ich hoffe, ich konnte mit diesem Buch einen Teil meines Auftrages erfüllen.

Danke wirklich von Herzen, dass es dich gibt, danke, dass du da bist und dass du jeden Tag dein Bestes gibst! Auch wenn du manchmal denkst, da könnte noch mehr sein: Ich bin jetzt schon dankbar für all das, was du bis jetzt gemacht und getan hast, und was du noch in Zukunft alles schaffen wirst. Du bist perfekt so, wie du bist, und ich weiß, du kannst es schaffen, dein Leuchten so richtig nach außen zu tragen. Zeig allen dein wahres Licht! Wach auf und beginne jetzt zu strahlen, ab jetzt, für immer, bis in alle Ewigkeit! Danke!

Danke

Als Erstes möchte ich in diesem Buch meiner Verlegerin Sabine Giger danken. Seit mehr als acht Jahren kennen wir uns nun und du hast mir vom ersten Tag an das volle Vertrauen geschenkt, obschon man damals wirklich nicht ahnen konnte, wie unser Weg aussehen wird. Danke, dass ich mich so frei entwickeln darf in deinem Verlag. Dass du mir immer wieder die Chance gibst für ein neues Buch, ein Projekt und an mich glaubst. Dein Sinn für Humor ist einmalig und ich bin so dankbar, dass es dich gibt, denn ohne dich wäre ich nicht dort, wo ich heute stehe. Es ist nicht mein Erfolg, es ist unser Erfolg, da wir beide dasselbe Ziel haben: Den Menschen Heilung zu geben.

Der nächste Dank gehört meiner Familie: meinem Sohn Shane, meiner Mutter, meiner Schwester und Francesca, der Mama von Shane. Ohne euch wäre ich nicht an dem Ort, an dem ich heute bin. Mama, danke, dass du immer hinter mir gestanden bist. Ich hoffe, Shane kann mal so über mich denken, wie ich über dich denke, dann weiß ich, ich habe alles richtig gemacht. So wie du alles richtig gemacht hast. Was du mir alles gegeben hast, dafür gibt es keine Worte. Danke meiner Schwester, die mir gerade in den letzten zwei Jahren enorm viel abgenommen und mir geholfen hat, Struktur in meine Arbeit zu bringen. Alles Administrative ist nicht meine Stärke, doch du hast mir hinter den Kulissen den Rücken freigehalten, ohne dich wäre vieles nicht möglich gewesen. Es ist toll, eine solche Schwester zu haben. Francesca, nicht nur tiefen Dank, dass du die Mama meines Sohnes bist, denn du bist nicht nur eine wunderbare Mutter, sondern warst und bist und wirst immer einer der wichtigsten Menschen in meinem Leben sein. Außerdem eine der wunderbarsten Heilerinnen, die ich kennengelernt habe. Shane, mein »Homey«, mein Sohn, meine Liebe, ich bin einfach nur dankbar, dass es dich gibt. Ich hätte nie geglaubt, dass man so sehr seine Kinder lieben kann, doch seit du da bist, weiß ich, wie tief Gefühle wirklich sein können. Danke für dein Sein und deine Seele!

Pablo, dieser Dank gehört dir. Du bist und bleibst immer mein bester Freund, egal was ist und wo wir sind. Immer weiß ich, du bist da! Respekt und tiefer Dank, du bist wie ein Bruder! Yin und Yang, Schwarz und Weiß!

Ein weiterer Dank an Patric von der *Quelle* Bern, du bist nicht nur ein toller Veranstalter, sondern auch ein richtig guter Freund. Es ist immer wieder eine Freude, mit dir etwas zu unternehmen, denn du bist auch ein ausgezeichneter Heiler.

Danke auch an meine Veranstalter in Österreich, Erwin und Anita. Ihr seid echt wunderbar, und dank euch macht die ganze Tour durch Österreich jeweils noch mehr Spaß. Herzlichen Dank in Freundschaft.

George Paul Huber, auch wenn ich dich viel zu wenig sehe, bist du für mich Vorbild und Freund geworden, an den ich sehr oft denke und weiß, ich kann immer eine Auszeit bei dir in Brasilien nehmen.

Danke an Susann Blum, meiner Grafikerin und Input-Geberin in vielen Bereichen. Danke für die wertvolle Zusammenarbeit.

Von Herzen danken möchte ich James Van Praagh für seine Unterstützung, du hilfst mir, einige neue Türen zu öffnen. Danke für deine Arbeit und dein Vertrauen in mich und meine Arbeit.

Die nächsten Dankesworte möchte ich einigen Menschen sagen, die für mich wichtig waren oder sind, auch wenn ich einige nur ganz kurz gesehen habe. Einige waren meine Lehrer, Vorbilder, Mentoren und Freunde: Gordon Smith, Michael Rauchenstein, Martin Wyss, James Van Praagh, Krishna Das, Gyan Deveraux, Collin Bates, Tim Abott, Jean Dallow, Simone Key, Bruno Würtenberger, Arlette Widmer, Alex Hurschler, Petra Vocat, dem FC Basel, allen Autoren vom Giger Verlag – es ist toll, ein Teil dieser »Giger Familie« zu sein.

Zum Schluss ein großer Dank all meinen Lesern, Leserinnen, Schülern, Schülerinnen, Seminar-Organisatoren und -Organisatorinnen, Kursteilnehmerinnen und -teilnehmern: Ohne euch könnte ich meine Berufung nicht leben, ich danke euch aus tiefstem Herzen! Besonderen Dank dem Leser, der gerade diese Zeilen liest: Danke, dass es dich gibt! Auch wenn wir uns vielleicht noch nicht persönlich kennen, sollst du wissen, dass ich dankbar bin, dass es dich gibt und ich dir nur das Beste für dein Leben wünsche!

Dein Pascal

Über den Autor und Kontakt

Pascal Voggenhuber wurde 1980 in der Schweiz geboren und verbindet spirituelles Wissen mit einer humorvollen, bodenständigen Art. Er ist trotz seines jungen Alters heute schon eines der bekanntesten Psychic-Medien in Europa, bekannt wurde er vor allem durch seine präzisen Jenseitskontakte zu Verstorbenen. Außerdem ist er ein beliebter Referent und Seminarleiter im In- und Ausland. Seit 2007 hat er sieben Bücher veröffentlicht, die alle in den Top-Ten der Schweizer Sachbuch Bestsellerliste platziert waren. Seine Bücher sind in mehrere Sprachen übersetzt. 2013 hatte er seine eigene TV-Sendung »Das Medium – Nachricht aus dem Jenseits« in SAT 1 Schweiz, die sehr gute Einschaltquoten erreichte.

Obwohl Pascal Voggenhuber schon immer geistige Wesen und Verstorbene gesehen hat, hat er sich intensiv über mehrere Jahre in der Schweiz und in England zum Medium ausbilden lassen. Er sieht es als seine Berufung, den Menschen die Geistige Welt wieder näherzubringen und vor allem zu zeigen, dass es ein Leben nach dem Tod gibt. Wer mehr über sein Leben und seine Arbeit erfah-

ren möchte, findet Angaben dazu in seinen anderen Büchern. Wer sich über die Arbeit, Vorträge, Blogs und Events informieren möchte, findet alle Infos auf www.pascal-voggenhuber.com.

Pascal findest du auch bei Facebook und Twitter.